个人信息保护

常用法律法规汇编

个人信息保护常用法律法规汇编

编写组 编

中国民主法制出版社

图书在版编目(CIP)数据

个人信息保护常用法律法规汇编/《个人信息保护
常用法律法规汇编》编写组编. —北京:中国民主法制
出版社,2022.4

ISBN 978-7-5162-2788-6

Ⅰ.①个… Ⅱ.①个… Ⅲ.①个人信息—法律保护—
法规—汇编—中国 Ⅳ.①D923.79

中国版本图书馆 CIP 数据核字(2022)第 046988 号

图书出品人:刘海涛
出 版 统 筹:乔先彪
责 任 编 辑:庞贺鑫

书名/个人信息保护常用法律法规汇编
作者/《个人信息保护常用法律法规汇编》编写组 编

出版·发行/中国民主法制出版社
地址/北京市丰台区右安门外玉林里 7 号(100069)
电话/(010)63055259(总编室) 63058068 63057714(营销中心)
传真/(010)63055259
http:// www. npcpub. com
E-mail:mzfz@ npcpub. com
经销/新华书店
开本/16 开 710 毫米×1000 毫米
印张/15 字数/239 千字
版本/2022 年 4 月第 1 版 2022 年 4 月第 1 次印刷
印刷/三河市宏图印务有限公司

书号/ISBN 978-7-5162-2788-6
定价/48.00 元

目　录

第七部分　其　　他

第一部分

法　律

中华人民共和国宪法（节录）

（1982 年 12 月 4 日第五届全国人民代表大会第五次会议通过　1982 年 12 月 4 日全国人民代表大会公告公布施行　根据 1988 年 4 月 12 日第七届全国人民代表大会第一次会议通过的《中华人民共和国宪法修正案》、1993 年 3 月 29 日第八届全国人民代表大会第一次会议通过的《中华人民共和国宪法修正案》、1999 年 3 月 15 日第九届全国人民代表大会第二次会议通过的《中华人民共和国宪法修正案》、2004 年 3 月 14 日第十届全国人民代表大会第二次会议通过的《中华人民共和国宪法修正案》和 2018 年 3 月 11 日第十三届全国人民代表大会第一次会议通过的《中华人民共和国宪法修正案》修正）

第三十三条　凡具有中华人民共和国国籍的人都是中华人民共和国公民。

中华人民共和国公民在法律面前一律平等。

国家尊重和保障人权。

任何公民享有宪法和法律规定的权利，同时必须履行宪法和法律规定的义务。

第三十八条　中华人民共和国公民的人格尊严不受侵犯。禁止用任何方法对公民进行侮辱、诽谤和诬告陷害。

第四十条　中华人民共和国公民的通信自由和通信秘密受法律的保护。除因国家安全或者追查刑事犯罪的需要，由公安机关或者检察机关依照法律规定的程序对通信进行检查外，任何组织或者个人不得以任何理由侵犯公民的通信自由和通信秘密。

中华人民共和国个人信息保护法

（2021 年 8 月 20 日第十三届全国人民代表大会常务委员会第三十次会议通过）

目　　录

第一章　总　　则

第一条　为了保护个人信息权益,规范个人信息处理活动,促进个人信息合理利用,根据宪法,制定本法。

第二条　自然人的个人信息受法律保护,任何组织、个人不得侵害自然人的个人信息权益。

第三条　在中华人民共和国境内处理自然人个人信息的活动,适用本法。

在中华人民共和国境外处理中华人民共和国境内自然人个人信息的活动,有下列情形之一的,也适用本法:

（一）以向境内自然人提供产品或者服务为目的；

（二）分析、评估境内自然人的行为；

（三）法律、行政法规规定的其他情形。

第四条　个人信息是以电子或者其他方式记录的与已识别或者可识别的自然人有关的各种信息，不包括匿名化处理后的信息。

个人信息的处理包括个人信息的收集、存储、使用、加工、传输、提供、公开、删除等。

第五条　处理个人信息应当遵循合法、正当、必要和诚信原则，不得通过误导、欺诈、胁迫等方式处理个人信息。

第六条　处理个人信息应当具有明确、合理的目的，并应当与处理目的直接相关，采取对个人权益影响最小的方式。

收集个人信息，应当限于实现处理目的的最小范围，不得过度收集个人信息。

第七条　处理个人信息应当遵循公开、透明原则，公开个人信息处理规则，明示处理的目的、方式和范围。

第八条　处理个人信息应当保证个人信息的质量，避免因个人信息不准确、不完整对个人权益造成不利影响。

第九条　个人信息处理者应当对其个人信息处理活动负责，并采取必要措施保障所处理的个人信息的安全。

第十条　任何组织、个人不得非法收集、使用、加工、传输他人个人信息，不得非法买卖、提供或者公开他人个人信息；不得从事危害国家安全、公共利益的个人信息处理活动。

第十一条　国家建立健全个人信息保护制度，预防和惩治侵害个人信息权益的行为，加强个人信息保护宣传教育，推动形成政府、企业、相关社会组织、公众共同参与个人信息保护的良好环境。

第十二条　国家积极参与个人信息保护国际规则的制定，促进个人信息保护方面的国际交流与合作，推动与其他国家、地区、国际组织之间的个人信息保护规则、标准等互认。

第二章　个人信息处理规则

第一节　一般规定

第十三条　符合下列情形之一的，个人信息处理者方可处理个人信息：

（一）取得个人的同意；

（二）为订立、履行个人作为一方当事人的合同所必需，或者按照依法制定的劳动规章制度和依法签订的集体合同实施人力资源管理所必需；

（三）为履行法定职责或者法定义务所必需；

（四）为应对突发公共卫生事件，或者紧急情况下为保护自然人的生命健康和财产安全所必需；

（五）为公共利益实施新闻报道、舆论监督等行为，在合理的范围内处理个人信息；

（六）依照本法规定在合理的范围内处理个人自行公开或者其他已经合法公开的个人信息；

（七）法律、行政法规规定的其他情形。

依照本法其他有关规定，处理个人信息应当取得个人同意，但是有前款第二项至第七项规定情形的，不需取得个人同意。

第十四条 基于个人同意处理个人信息的，该同意应当由个人在充分知情的前提下自愿、明确作出。法律、行政法规规定处理个人信息应当取得个人单独同意或者书面同意的，从其规定。

个人信息的处理目的、处理方式和处理的个人信息种类发生变更的，应当重新取得个人同意。

第十五条 基于个人同意处理个人信息的，个人有权撤回其同意。个人信息处理者应当提供便捷的撤回同意的方式。

个人撤回同意，不影响撤回前基于个人同意已进行的个人信息处理活动的效力。

第十六条 个人信息处理者不得以个人不同意处理其个人信息或者撤回同意为由，拒绝提供产品或者服务；处理个人信息属于提供产品或者服务所必需的除外。

第十七条 个人信息处理者在处理个人信息前，应当以显著方式、清晰易懂的语言真实、准确、完整地向个人告知下列事项：

（一）个人信息处理者的名称或者姓名和联系方式；

（二）个人信息的处理目的、处理方式，处理的个人信息种类、保存期限；

（三）个人行使本法规定权利的方式和程序；

（四）法律、行政法规规定应当告知的其他事项。

前款规定事项发生变更的，应当将变更部分告知个人。

个人信息处理者通过制定个人信息处理规则的方式告知第一款规定事项的，处理规则应当公开，并且便于查阅和保存。

第十八条　个人信息处理者处理个人信息,有法律、行政法规规定应当保密或者不需要告知的情形的,可以不向个人告知前条第一款规定的事项。

紧急情况下为保护自然人的生命健康和财产安全无法及时向个人告知的,个人信息处理者应当在紧急情况消除后及时告知。

第十九条　除法律、行政法规另有规定外,个人信息的保存期限应当为实现处理目的所必要的最短时间。

第二十条　两个以上的个人信息处理者共同决定个人信息的处理目的和处理方式的,应当约定各自的权利和义务。但是,该约定不影响个人向其中任何一个个人信息处理者要求行使本法规定的权利。

个人信息处理者共同处理个人信息,侵害个人信息权益造成损害的,应当依法承担连带责任。

第二十一条　个人信息处理者委托处理个人信息的,应当与受托人约定委托处理的目的、期限、处理方式、个人信息的种类、保护措施以及双方的权利和义务等,并对受托人的个人信息处理活动进行监督。

受托人应当按照约定处理个人信息,不得超出约定的处理目的、处理方式等处理个人信息;委托合同不生效、无效、被撤销或者终止的,受托人应当将个人信息返还个人信息处理者或者予以删除,不得保留。

未经个人信息处理者同意,受托人不得转委托他人处理个人信息。

第二十二条　个人信息处理者因合并、分立、解散、被宣告破产等原因需要转移个人信息的,应当向个人告知接收方的名称或者姓名和联系方式。接收方应当继续履行个人信息处理者的义务。接收方变更原先的处理目的、处理方式的,应当依照本法规定重新取得个人同意。

第二十三条　个人信息处理者向其他个人信息处理者提供其处理的个人信息的,应当向个人告知接收方的名称或者姓名、联系方式、处理目的、处理方式和个人信息的种类,并取得个人的单独同意。接收方应当在上述处理目的、处理方式和个人信息的种类等范围内处理个人信息。接收方变更原先的处理目的、处理方式的,应当依照本法规定重新取得个人同意。

第二十四条　个人信息处理者利用个人信息进行自动化决策,应当保证决策的透明度和结果公平、公正,不得对个人在交易价格等交易条件上实行不合理的差别待遇。

通过自动化决策方式向个人进行信息推送、商业营销,应当同时提供不针对其个人特征的选项,或者向个人提供便捷的拒绝方式。

通过自动化决策方式作出对个人权益有重大影响的决定,个人有权要求个人信息处理者予以说明,并有权拒绝个人信息处理者仅通过自动化决策的方式作出决定。

第二十五条 个人信息处理者不得公开其处理的个人信息,取得个人单独同意的除外。

第二十六条 在公共场所安装图像采集、个人身份识别设备,应当为维护公共安全所必需,遵守国家有关规定,并设置显著的提示标识。所收集的个人图像、身份识别信息只能用于维护公共安全的目的,不得用于其他目的;取得个人单独同意的除外。

第二十七条 个人信息处理者可以在合理的范围内处理个人自行公开或者其他已经合法公开的个人信息;个人明确拒绝的除外。个人信息处理者处理已公开的个人信息,对个人权益有重大影响的,应当依照本法规定取得个人同意。

第二节 敏感个人信息的处理规则

第二十八条 敏感个人信息是一旦泄露或者非法使用,容易导致自然人的人格尊严受到侵害或者人身、财产安全受到危害的个人信息,包括生物识别、宗教信仰、特定身份、医疗健康、金融账户、行踪轨迹等信息,以及不满十四周岁未成年人的个人信息。

只有在具有特定的目的和充分的必要性,并采取严格保护措施的情形下,个人信息处理者方可处理敏感个人信息。

第二十九条 处理敏感个人信息应当取得个人的单独同意;法律、行政法规规定处理敏感个人信息应当取得书面同意的,从其规定。

第三十条 个人信息处理者处理敏感个人信息的,除本法第十七条第一款规定的事项外,还应当向个人告知处理敏感个人信息的必要性以及对个人权益的影响;依照本法规定可以不向个人告知的除外。

第三十一条 个人信息处理者处理不满十四周岁未成年人个人信息的,应当取得未成年人的父母或者其他监护人的同意。

个人信息处理者处理不满十四周岁未成年人个人信息的,应当制定专门的个人信息处理规则。

第三十二条 法律、行政法规对处理敏感个人信息规定应当取得相关行政许可或者作出其他限制的,从其规定。

第三节 国家机关处理个人信息的特别规定

第三十三条 国家机关处理个人信息的活动,适用本法;本节有特别规定的,适用本节规定。

第三十四条 国家机关为履行法定职责处理个人信息,应当依照法律、行政法规规定的权限、程序进行,不得超出履行法定职责所必需的范围和限度。

第三十五条 国家机关为履行法定职责处理个人信息,应当依照本法规定履行告知义务;有本法第十八条第一款规定的情形,或者告知将妨碍国家机关履行法定职责的除外。

第三十六条 国家机关处理的个人信息应当在中华人民共和国境内存储;确需向境外提供的,应当进行安全评估。安全评估可以要求有关部门提供支持与协助。

第三十七条 法律、法规授权的具有管理公共事务职能的组织为履行法定职责处理个人信息,适用本法关于国家机关处理个人信息的规定。

第三章 个人信息跨境提供的规则

第三十八条 个人信息处理者因业务等需要,确需向中华人民共和国境外提供个人信息的,应当具备下列条件之一:

(一)依照本法第四十条的规定通过国家网信部门组织的安全评估;

(二)按照国家网信部门的规定经专业机构进行个人信息保护认证;

(三)按照国家网信部门制定的标准合同与境外接收方订立合同,约定双方的权利和义务;

(四)法律、行政法规或者国家网信部门规定的其他条件。

中华人民共和国缔结或者参加的国际条约、协定对向中华人民共和国境外提供个人信息的条件等有规定的,可以按照其规定执行。

个人信息处理者应当采取必要措施,保障境外接收方处理个人信息的活动达到本法规定的个人信息保护标准。

第三十九条 个人信息处理者向中华人民共和国境外提供个人信息的,应当向个人告知境外接收方的名称或者姓名、联系方式、处理目的、处理方式、个人信息的种类以及个人向境外接收方行使本法规定权利的方式和程序等事项,并取得个人的单独同意。

第四十条 关键信息基础设施运营者和处理个人信息达到国家网信部门规定数量的个人信息处理者,应当将在中华人民共和国境内收集和产生的个人信息存储在境内。确需向境外提供的,应当通过国家网信部门组织的安全评估;法律、行政法规和国家网信部门规定可以不进行安全评估的,从其规定。

第四十一条 中华人民共和国主管机关根据有关法律和中华人民共和国

缔结或者参加的国际条约、协定,或者按照平等互惠原则,处理外国司法或者执法机构关于提供存储于境内个人信息的请求。非经中华人民共和国主管机关批准,个人信息处理者不得向外国司法或者执法机构提供存储于中华人民共和国境内的个人信息。

第四十二条 境外的组织、个人从事侵害中华人民共和国公民的个人信息权益,或者危害中华人民共和国国家安全、公共利益的个人信息处理活动的,国家网信部门可以将其列入限制或者禁止个人信息提供清单,予以公告,并采取限制或者禁止向其提供个人信息等措施。

第四十三条 任何国家或者地区在个人信息保护方面对中华人民共和国采取歧视性的禁止、限制或者其他类似措施的,中华人民共和国可以根据实际情况对该国家或者地区对等采取措施。

第四章　个人在个人信息处理活动中的权利

第四十四条 个人对其个人信息的处理享有知情权、决定权,有权限制或者拒绝他人对其个人信息进行处理;法律、行政法规另有规定的除外。

第四十五条 个人有权向个人信息处理者查阅、复制其个人信息;有本法第十八条第一款、第三十五条规定情形的除外。

个人请求查阅、复制其个人信息的,个人信息处理者应当及时提供。

个人请求将个人信息转移至其指定的个人信息处理者,符合国家网信部门规定条件的,个人信息处理者应当提供转移的途径。

第四十六条 个人发现其个人信息不准确或者不完整的,有权请求个人信息处理者更正、补充。

个人请求更正、补充其个人信息的,个人信息处理者应当对其个人信息予以核实,并及时更正、补充。

第四十七条 有下列情形之一的,个人信息处理者应当主动删除个人信息;个人信息处理者未删除的,个人有权请求删除:

(一)处理目的已实现、无法实现或者为实现处理目的不再必要;

(二)个人信息处理者停止提供产品或者服务,或者保存期限已届满;

(三)个人撤回同意;

(四)个人信息处理者违反法律、行政法规或者违反约定处理个人信息;

(五)法律、行政法规规定的其他情形。

法律、行政法规规定的保存期限未届满,或者删除个人信息从技术上难以实现的,个人信息处理者应当停止除存储和采取必要的安全保护措施之外的处理。

第四十八条 个人有权要求个人信息处理者对其个人信息处理规则进行解释说明。

第四十九条 自然人死亡的,其近亲属为了自身的合法、正当利益,可以对死者的相关个人信息行使本章规定的查阅、复制、更正、删除等权利;死者生前另有安排的除外。

第五十条 个人信息处理者应当建立便捷的个人行使权利的申请受理和处理机制。拒绝个人行使权利的请求的,应当说明理由。

个人信息处理者拒绝个人行使权利的请求的,个人可以依法向人民法院提起诉讼。

第五章 个人信息处理者的义务

第五十一条 个人信息处理者应当根据个人信息的处理目的、处理方式、个人信息的种类以及对个人权益的影响、可能存在的安全风险等,采取下列措施确保个人信息处理活动符合法律、行政法规的规定,并防止未经授权的访问以及个人信息泄露、篡改、丢失:

(一)制定内部管理制度和操作规程;

(二)对个人信息实行分类管理;

(三)采取相应的加密、去标识化等安全技术措施;

(四)合理确定个人信息处理的操作权限,并定期对从业人员进行安全教育和培训;

(五)制定并组织实施个人信息安全事件应急预案;

(六)法律、行政法规规定的其他措施。

第五十二条 处理个人信息达到国家网信部门规定数量的个人信息处理者应当指定个人信息保护负责人,负责对个人信息处理活动以及采取的保护措施等进行监督。

个人信息处理者应当公开个人信息保护负责人的联系方式,并将个人信息保护负责人的姓名、联系方式等报送履行个人信息保护职责的部门。

第五十三条 本法第三条第二款规定的中华人民共和国境外的个人信息处理者,应当在中华人民共和国境内设立专门机构或者指定代表,负责处理个人信息保护相关事务,并将有关机构的名称或者代表的姓名、联系方式等报送履行个人信息保护职责的部门。

第五十四条 个人信息处理者应当定期对其处理个人信息遵守法律、行政法规的情况进行合规审计。

第五十五条 有下列情形之一的,个人信息处理者应当事前进行个人信息保护影响评估,并对处理情况进行记录:

(一)处理敏感个人信息;

(二)利用个人信息进行自动化决策;

(三)委托处理个人信息、向其他个人信息处理者提供个人信息、公开个人信息;

(四)向境外提供个人信息;

(五)其他对个人权益有重大影响的个人信息处理活动。

第五十六条 个人信息保护影响评估应当包括下列内容:

(一)个人信息的处理目的、处理方式等是否合法、正当、必要;

(二)对个人权益的影响及安全风险;

(三)所采取的保护措施是否合法、有效并与风险程度相适应。

个人信息保护影响评估报告和处理情况记录应当至少保存三年。

第五十七条 发生或者可能发生个人信息泄露、篡改、丢失的,个人信息处理者应当立即采取补救措施,并通知履行个人信息保护职责的部门和个人。通知应当包括下列事项:

(一)发生或者可能发生个人信息泄露、篡改、丢失的信息种类、原因和可能造成的危害;

(二)个人信息处理者采取的补救措施和个人可以采取的减轻危害的措施;

(三)个人信息处理者的联系方式。

个人信息处理者采取措施能够有效避免信息泄露、篡改、丢失造成危害的,个人信息处理者可以不通知个人;履行个人信息保护职责的部门认为可能造成危害的,有权要求个人信息处理者通知个人。

第五十八条 提供重要互联网平台服务、用户数量巨大、业务类型复杂的个人信息处理者,应当履行下列义务:

(一)按照国家规定建立健全个人信息保护合规制度体系,成立主要由外部成员组成的独立机构对个人信息保护情况进行监督;

(二)遵循公开、公平、公正的原则,制定平台规则,明确平台内产品或者服务提供者处理个人信息的规范和保护个人信息的义务;

(三)对严重违反法律、行政法规处理个人信息的平台内的产品或者服务提供者,停止提供服务;

（四）定期发布个人信息保护社会责任报告，接受社会监督。

第五十九条　接受委托处理个人信息的受托人，应当依照本法和有关法律、行政法规的规定，采取必要措施保障所处理的个人信息的安全，并协助个人信息处理者履行本法规定的义务。

第六章　履行个人信息保护职责的部门

第六十条　国家网信部门负责统筹协调个人信息保护工作和相关监督管理工作。国务院有关部门依照本法和有关法律、行政法规的规定，在各自职责范围内负责个人信息保护和监督管理工作。

县级以上地方人民政府有关部门的个人信息保护和监督管理职责，按照国家有关规定确定。

前两款规定的部门统称为履行个人信息保护职责的部门。

第六十一条　履行个人信息保护职责的部门履行下列个人信息保护职责：

（一）开展个人信息保护宣传教育，指导、监督个人信息处理者开展个人信息保护工作；

（二）接受、处理与个人信息保护有关的投诉、举报；

（三）组织对应用程序等个人信息保护情况进行测评，并公布测评结果；

（四）调查、处理违法个人信息处理活动；

（五）法律、行政法规规定的其他职责。

第六十二条　国家网信部门统筹协调有关部门依据本法推进下列个人信息保护工作：

（一）制定个人信息保护具体规则、标准；

（二）针对小型个人信息处理者、处理敏感个人信息以及人脸识别、人工智能等新技术、新应用，制定专门的个人信息保护规则、标准；

（三）支持研究开发和推广应用安全、方便的电子身份认证技术，推进网络身份认证公共服务建设；

（四）推进个人信息保护社会化服务体系建设，支持有关机构开展个人信息保护评估、认证服务；

（五）完善个人信息保护投诉、举报工作机制。

第六十三条　履行个人信息保护职责的部门履行个人信息保护职责，可以采取下列措施：

（一）询问有关当事人，调查与个人信息处理活动有关的情况；

（二）查阅、复制当事人与个人信息处理活动有关的合同、记录、账簿以及其他有关资料；

（三）实施现场检查,对涉嫌违法的个人信息处理活动进行调查；

（四）检查与个人信息处理活动有关的设备、物品；对有证据证明是用于违法个人信息处理活动的设备、物品,向本部门主要负责人书面报告并经批准,可以查封或者扣押。

履行个人信息保护职责的部门依法履行职责,当事人应当予以协助、配合,不得拒绝、阻挠。

第六十四条 履行个人信息保护职责的部门在履行职责中,发现个人信息处理活动存在较大风险或者发生个人信息安全事件的,可以按照规定的权限和程序对该个人信息处理者的法定代表人或者主要负责人进行约谈,或者要求个人信息处理者委托专业机构对其个人信息处理活动进行合规审计。个人信息处理者应当按照要求采取措施,进行整改,消除隐患。

履行个人信息保护职责的部门在履行职责中,发现违法处理个人信息涉嫌犯罪的,应当及时移送公安机关依法处理。

第六十五条 任何组织、个人有权对违法个人信息处理活动向履行个人信息保护职责的部门进行投诉、举报。收到投诉、举报的部门应当依法及时处理,并将处理结果告知投诉、举报人。

履行个人信息保护职责的部门应当公布接受投诉、举报的联系方式。

第七章　法律责任

第六十六条 违反本法规定处理个人信息,或者处理个人信息未履行本法规定的个人信息保护义务的,由履行个人信息保护职责的部门责令改正,给予警告,没收违法所得,对违法处理个人信息的应用程序,责令暂停或者终止提供服务;拒不改正的,并处一百万元以下罚款;对直接负责的主管人员和其他直接责任人员处一万元以上十万元以下罚款。

有前款规定的违法行为,情节严重的,由省级以上履行个人信息保护职责的部门责令改正,没收违法所得,并处五千万元以下或者上一年度营业额百分之五以下罚款,并可以责令暂停相关业务或者停业整顿、通报有关主管部门吊销相关业务许可或者吊销营业执照;对直接负责的主管人员和其他直接责任人员处十万元以上一百万元以下罚款,并可以决定禁止其在一定期限内担任相关企业的董事、监事、高级管理人员和个人信息保护负责人。

第六十七条　有本法规定的违法行为的,依照有关法律、行政法规的规定记入信用档案,并予以公示。

第六十八条　国家机关不履行本法规定的个人信息保护义务的,由其上级机关或者履行个人信息保护职责的部门责令改正;对直接负责的主管人员和其他直接责任人员依法给予处分。

履行个人信息保护职责的部门的工作人员玩忽职守、滥用职权、徇私舞弊,尚不构成犯罪的,依法给予处分。

第六十九条　处理个人信息侵害个人信息权益造成损害,个人信息处理者不能证明自己没有过错的,应当承担损害赔偿等侵权责任。

前款规定的损害赔偿责任按照个人因此受到的损失或者个人信息处理者因此获得的利益确定;个人因此受到的损失和个人信息处理者因此获得的利益难以确定的,根据实际情况确定赔偿数额。

第七十条　个人信息处理者违反本法规定处理个人信息,侵害众多个人的权益的,人民检察院、法律规定的消费者组织和由国家网信部门确定的组织可以依法向人民法院提起诉讼。

第七十一条　违反本法规定,构成违反治安管理行为的,依法给予治安管理处罚;构成犯罪的,依法追究刑事责任。

第八章　附　　则

第七十二条　自然人因个人或者家庭事务处理个人信息的,不适用本法。

法律对各级人民政府及其有关部门组织实施的统计、档案管理活动中的个人信息处理有规定的,适用其规定。

第七十三条　本法下列用语的含义:

(一)个人信息处理者,是指在个人信息处理活动中自主决定处理目的、处理方式的组织、个人。

(二)自动化决策,是指通过计算机程序自动分析、评估个人的行为习惯、兴趣爱好或者经济、健康、信用状况等,并进行决策的活动。

(三)去标识化,是指个人信息经过处理,使其在不借助额外信息的情况下无法识别特定自然人的过程。

(四)匿名化,是指个人信息经过处理无法识别特定自然人且不能复原的过程。

第七十四条　本法自 2021 年 11 月 1 日起施行。

中华人民共和国数据安全法

（2021 年 6 月 10 日第十三届全国人民代表大会常务委员会第二十九次会议通过）

目　　录

第一章　总　　则

第一条　为了规范数据处理活动，保障数据安全，促进数据开发利用，保护个人、组织的合法权益，维护国家主权、安全和发展利益，制定本法。

第二条　在中华人民共和国境内开展数据处理活动及其安全监管，适用本法。

在中华人民共和国境外开展数据处理活动，损害中华人民共和国国家安全、公共利益或者公民、组织合法权益的，依法追究法律责任。

第三条　本法所称数据，是指任何以电子或者其他方式对信息的记录。

数据处理，包括数据的收集、存储、使用、加工、传输、提供、公开等。

数据安全，是指通过采取必要措施，确保数据处于有效保护和合法利用的状态，以及具备保障持续安全状态的能力。

第四条　维护数据安全，应当坚持总体国家安全观，建立健全数据安全治理体系,提高数据安全保障能力。

第五条　中央国家安全领导机构负责国家数据安全工作的决策和议事协调,研究制定、指导实施国家数据安全战略和有关重大方针政策,统筹协调国家数据安全的重大事项和重要工作,建立国家数据安全工作协调机制。

第六条　各地区、各部门对本地区、本部门工作中收集和产生的数据及数据安全负责。

工业、电信、交通、金融、自然资源、卫生健康、教育、科技等主管部门承担本行业、本领域数据安全监管职责。

公安机关、国家安全机关等依照本法和有关法律、行政法规的规定,在各自职责范围内承担数据安全监管职责。

国家网信部门依照本法和有关法律、行政法规的规定,负责统筹协调网络数据安全和相关监管工作。

第七条　国家保护个人、组织与数据有关的权益,鼓励数据依法合理有效利用,保障数据依法有序自由流动,促进以数据为关键要素的数字经济发展。

第八条　开展数据处理活动,应当遵守法律、法规,尊重社会公德和伦理,遵守商业道德和职业道德,诚实守信,履行数据安全保护义务,承担社会责任,不得危害国家安全、公共利益,不得损害个人、组织的合法权益。

第九条　国家支持开展数据安全知识宣传普及,提高全社会的数据安全保护意识和水平,推动有关部门、行业组织、科研机构、企业、个人等共同参与数据安全保护工作,形成全社会共同维护数据安全和促进发展的良好环境。

第十条　相关行业组织按照章程,依法制定数据安全行为规范和团体标准,加强行业自律,指导会员加强数据安全保护,提高数据安全保护水平,促进行业健康发展。

第十一条　国家积极开展数据安全治理、数据开发利用等领域的国际交流与合作,参与数据安全相关国际规则和标准的制定,促进数据跨境安全、自由流动。

第十二条　任何个人、组织都有权对违反本法规定的行为向有关主管部门投诉、举报。收到投诉、举报的部门应当及时依法处理。

有关主管部门应当对投诉、举报人的相关信息予以保密,保护投诉、举报人的合法权益。

第二章　数据安全与发展

第十三条　国家统筹发展和安全,坚持以数据开发利用和产业发展促进数据安全,以数据安全保障数据开发利用和产业发展。

第十四条 国家实施大数据战略,推进数据基础设施建设,鼓励和支持数据在各行业、各领域的创新应用。

省级以上人民政府应当将数字经济发展纳入本级国民经济和社会发展规划,并根据需要制定数字经济发展规划。

第十五条 国家支持开发利用数据提升公共服务的智能化水平。提供智能化公共服务,应当充分考虑老年人、残疾人的需求,避免对老年人、残疾人的日常生活造成障碍。

第十六条 国家支持数据开发利用和数据安全技术研究,鼓励数据开发利用和数据安全等领域的技术推广和商业创新,培育、发展数据开发利用和数据安全产品、产业体系。

第十七条 国家推进数据开发利用技术和数据安全标准体系建设。国务院标准化行政主管部门和国务院有关部门根据各自的职责,组织制定并适时修订有关数据开发利用技术、产品和数据安全相关标准。国家支持企业、社会团体和教育、科研机构等参与标准制定。

第十八条 国家促进数据安全检测评估、认证等服务的发展,支持数据安全检测评估、认证等专业机构依法开展服务活动。

国家支持有关部门、行业组织、企业、教育和科研机构、有关专业机构等在数据安全风险评估、防范、处置等方面开展协作。

第十九条 国家建立健全数据交易管理制度,规范数据交易行为,培育数据交易市场。

第二十条 国家支持教育、科研机构和企业等开展数据开发利用技术和数据安全相关教育和培训,采取多种方式培养数据开发利用技术和数据安全专业人才,促进人才交流。

第三章 数据安全制度

第二十一条 国家建立数据分类分级保护制度,根据数据在经济社会发展中的重要程度,以及一旦遭到篡改、破坏、泄露或者非法获取、非法利用,对国家安全、公共利益或者个人、组织合法权益造成的危害程度,对数据实行分类分级保护。国家数据安全工作协调机制统筹协调有关部门制定重要数据目录,加强对重要数据的保护。

关系国家安全、国民经济命脉、重要民生、重大公共利益等数据属于国家核心数据,实行更加严格的管理制度。

各地区、各部门应当按照数据分类分级保护制度,确定本地区、本部门以及相关行业、领域的重要数据具体目录,对列入目录的数据进行重点保护。

第二十二条　国家建立集中统一、高效权威的数据安全风险评估、报告、信息共享、监测预警机制。国家数据安全工作协调机制统筹协调有关部门加强数据安全风险信息的获取、分析、研判、预警工作。

第二十三条　国家建立数据安全应急处置机制。发生数据安全事件,有关主管部门应当依法启动应急预案,采取相应的应急处置措施,防止危害扩大,消除安全隐患,并及时向社会发布与公众有关的警示信息。

第二十四条　国家建立数据安全审查制度,对影响或者可能影响国家安全的数据处理活动进行国家安全审查。

依法作出的安全审查决定为最终决定。

第二十五条　国家对与维护国家安全和利益、履行国际义务相关的属于管制物项的数据依法实施出口管制。

第二十六条　任何国家或者地区在与数据和数据开发利用技术等有关的投资、贸易等方面对中华人民共和国采取歧视性的禁止、限制或者其他类似措施的,中华人民共和国可以根据实际情况对该国家或者地区对等采取措施。

第四章　数据安全保护义务

第二十七条　开展数据处理活动应当依照法律、法规的规定,建立健全全流程数据安全管理制度,组织开展数据安全教育培训,采取相应的技术措施和其他必要措施,保障数据安全。利用互联网等信息网络开展数据处理活动,应当在网络安全等级保护制度的基础上,履行上述数据安全保护义务。

重要数据的处理者应当明确数据安全负责人和管理机构,落实数据安全保护责任。

第二十八条　开展数据处理活动以及研究开发数据新技术,应当有利于促进经济社会发展,增进人民福祉,符合社会公德和伦理。

第二十九条　开展数据处理活动应当加强风险监测,发现数据安全缺陷、漏洞等风险时,应当立即采取补救措施;发生数据安全事件时,应当立即采取处置措施,按照规定及时告知用户并向有关主管部门报告。

第三十条　重要数据的处理者应当按照规定对其数据处理活动定期开展风险评估,并向有关主管部门报送风险评估报告。

风险评估报告应当包括处理的重要数据的种类、数量,开展数据处理活动的情况,面临的数据安全风险及其应对措施等。

第三十一条 关键信息基础设施的运营者在中华人民共和国境内运营中收集和产生的重要数据的出境安全管理,适用《中华人民共和国网络安全法》的规定;其他数据处理者在中华人民共和国境内运营中收集和产生的重要数据的出境安全管理办法,由国家网信部门会同国务院有关部门制定。

第三十二条 任何组织、个人收集数据,应当采取合法、正当的方式,不得窃取或者以其他非法方式获取数据。

法律、行政法规对收集、使用数据的目的、范围有规定的,应当在法律、行政法规规定的目的和范围内收集、使用数据。

第三十三条 从事数据交易中介服务的机构提供服务,应当要求数据提供方说明数据来源,审核交易双方的身份,并留存审核、交易记录。

第三十四条 法律、行政法规规定提供数据处理相关服务应当取得行政许可的,服务提供者应当依法取得许可。

第三十五条 公安机关、国家安全机关因依法维护国家安全或者侦查犯罪的需要调取数据,应当按照国家有关规定,经过严格的批准手续,依法进行,有关组织、个人应当予以配合。

第三十六条 中华人民共和国主管机关根据有关法律和中华人民共和国缔结或者参加的国际条约、协定,或者按照平等互惠原则,处理外国司法或者执法机构关于提供数据的请求。非经中华人民共和国主管机关批准,境内的组织、个人不得向外国司法或者执法机构提供存储于中华人民共和国境内的数据。

第五章 政务数据安全与开放

第三十七条 国家大力推进电子政务建设,提高政务数据的科学性、准确性、时效性,提升运用数据服务经济社会发展的能力。

第三十八条 国家机关为履行法定职责的需要收集、使用数据,应当在其履行法定职责的范围内依照法律、行政法规规定的条件和程序进行;对在履行职责中知悉的个人隐私、个人信息、商业秘密、保密商务信息等数据应当依法予以保密,不得泄露或者非法向他人提供。

第三十九条 国家机关应当依照法律、行政法规的规定,建立健全数据安全管理制度,落实数据安全保护责任,保障政务数据安全。

第四十条 国家机关委托他人建设、维护电子政务系统,存储、加工政务数据,应当经过严格的批准程序,并应当监督受托方履行相应的数据安全保护义务。受托方应当依照法律、法规的规定和合同约定履行数据安全保护义务,不得擅自留存、使用、泄露或者向他人提供政务数据。

第四十一条 国家机关应当遵循公正、公平、便民的原则,按照规定及时、准确地公开政务数据。依法不予公开的除外。

第四十二条 国家制定政务数据开放目录,构建统一规范、互联互通、安全可控的政务数据开放平台,推动政务数据开放利用。

第四十三条 法律、法规授权的具有管理公共事务职能的组织为履行法定职责开展数据处理活动,适用本章规定。

第六章　法律责任

第四十四条 有关主管部门在履行数据安全监管职责中,发现数据处理活动存在较大安全风险的,可以按照规定的权限和程序对有关组织、个人进行约谈,并要求有关组织、个人采取措施进行整改,消除隐患。

第四十五条 开展数据处理活动的组织、个人不履行本法第二十七条、第二十九条、第三十条规定的数据安全保护义务的,由有关主管部门责令改正,给予警告,可以并处五万元以上五十万元以下罚款,对直接负责的主管人员和其他直接责任人员可以处一万元以上十万元以下罚款;拒不改正或者造成大量数据泄露等严重后果的,处五十万元以上二百万元以下罚款,并可以责令暂停相关业务、停业整顿、吊销相关业务许可证或者吊销营业执照,对直接负责的主管人员和其他直接责任人员处五万元以上二十万元以下罚款。

违反国家核心数据管理制度,危害国家主权、安全和发展利益的,由有关主管部门处二百万元以上一千万元以下罚款,并根据情况责令暂停相关业务、停业整顿、吊销相关业务许可证或者吊销营业执照;构成犯罪的,依法追究刑事责任。

第四十六条 违反本法第三十一条规定,向境外提供重要数据的,由有关主管部门责令改正,给予警告,可以并处十万元以上一百万元以下罚款,对直接负责的主管人员和其他直接责任人员可以处一万元以上十万元以下罚款;情节严重的,处一百万元以上一千万元以下罚款,并可以责令暂停相关业务、停业整顿、吊销相关业务许可证或者吊销营业执照,对直接负责的主管人员和其他直接责任人员处十万元以上一百万元以下罚款。

第四十七条 从事数据交易中介服务的机构未履行本法第三十三条规定的义务的,由有关主管部门责令改正,没收违法所得,处违法所得一倍以上十倍以下罚款,没有违法所得或者违法所得不足十万元的,处十万元以上一百万元以下罚款,并可以责令暂停相关业务、停业整顿、吊销相关业务许可证或者吊销营业执照;对直接负责的主管人员和其他直接责任人员处一万元以上十万元以下罚款。

第四十八条 违反本法第三十五条规定,拒不配合数据调取的,由有关主管部门责令改正,给予警告,并处五万元以上五十万元以下罚款,对直接负责的主管人员和其他直接责任人员处一万元以上十万元以下罚款。

违反本法第三十六条规定,未经主管机关批准向外国司法或者执法机构提供数据的,由有关主管部门给予警告,可以并处十万元以上一百万元以下罚款,对直接负责的主管人员和其他直接责任人员可以处一万元以上十万元以下罚款;造成严重后果的,处一百万元以上五百万元以下罚款,并可以责令暂停相关业务、停业整顿、吊销相关业务许可证或者吊销营业执照,对直接负责的主管人员和其他直接责任人员处五万元以上五十万元以下罚款。

第四十九条 国家机关不履行本法规定的数据安全保护义务的,对直接负责的主管人员和其他直接责任人员依法给予处分。

第五十条 履行数据安全监管职责的国家工作人员玩忽职守、滥用职权、徇私舞弊的,依法给予处分。

第五十一条 窃取或者以其他非法方式获取数据,开展数据处理活动排除、限制竞争,或者损害个人、组织合法权益的,依照有关法律、行政法规的规定处罚。

第五十二条 违反本法规定,给他人造成损害的,依法承担民事责任。

违反本法规定,构成违反治安管理行为的,依法给予治安管理处罚;构成犯罪的,依法追究刑事责任。

第七章　附　　则

第五十三条 开展涉及国家秘密的数据处理活动,适用《中华人民共和国保守国家秘密法》等法律、行政法规的规定。

在统计、档案工作中开展数据处理活动,开展涉及个人信息的数据处理活动,还应当遵守有关法律、行政法规的规定。

第五十四条 军事数据安全保护的办法,由中央军事委员会依据本法另行制定。

第五十五条 本法自 2021 年 9 月 1 日起施行。

中华人民共和国电子商务法

（2018 年 8 月 31 日第十三届全国人民代表大会常务委员会第五次会议通过）

目　　录

第一章　总　　则

第一条　为了保障电子商务各方主体的合法权益，规范电子商务行为，维护市场秩序，促进电子商务持续健康发展，制定本法。

第二条　中华人民共和国境内的电子商务活动，适用本法。

本法所称电子商务，是指通过互联网等信息网络销售商品或者提供服务的经营活动。

法律、行政法规对销售商品或者提供服务有规定的，适用其规定。金融类产品和服务，利用信息网络提供新闻信息、音视频节目、出版以及文化产品等内容方面的服务，不适用本法。

第三条　国家鼓励发展电子商务新业态，创新商业模式，促进电子商务技

· 23 ·

术研发和推广应用,推进电子商务诚信体系建设,营造有利于电子商务创新发展的市场环境,充分发挥电子商务在推动高质量发展、满足人民日益增长的美好生活需要、构建开放型经济方面的重要作用。

第四条 国家平等对待线上线下商务活动,促进线上线下融合发展,各级人民政府和有关部门不得采取歧视性的政策措施,不得滥用行政权力排除、限制市场竞争。

第五条 电子商务经营者从事经营活动,应当遵循自愿、平等、公平、诚信的原则,遵守法律和商业道德,公平参与市场竞争,履行消费者权益保护、环境保护、知识产权保护、网络安全与个人信息保护等方面的义务,承担产品和服务质量责任,接受政府和社会的监督。

第六条 国务院有关部门按照职责分工负责电子商务发展促进、监督管理等工作。县级以上地方各级人民政府可以根据本行政区域的实际情况,确定本行政区域内电子商务的部门职责划分。

第七条 国家建立符合电子商务特点的协同管理体系,推动形成有关部门、电子商务行业组织、电子商务经营者、消费者等共同参与的电子商务市场治理体系。

第八条 电子商务行业组织按照本组织章程开展行业自律,建立健全行业规范,推动行业诚信建设,监督、引导本行业经营者公平参与市场竞争。

第二章　电子商务经营者

第一节　一般规定

第九条 本法所称电子商务经营者,是指通过互联网等信息网络从事销售商品或者提供服务的经营活动的自然人、法人和非法人组织,包括电子商务平台经营者、平台内经营者以及通过自建网站、其他网络服务销售商品或者提供服务的电子商务经营者。

本法所称电子商务平台经营者,是指在电子商务中为交易双方或者多方提供网络经营场所、交易撮合、信息发布等服务,供交易双方或者多方独立开展交易活动的法人或者非法人组织。

本法所称平台内经营者,是指通过电子商务平台销售商品或者提供服务的电子商务经营者。

第十条 电子商务经营者应当依法办理市场主体登记。但是,个人销售自产农副产品、家庭手工业产品,个人利用自己的技能从事依法无须取得许可的便民劳务活动和零星小额交易活动,以及依照法律、行政法规不需要进行登记的除外。

第十一条　电子商务经营者应当依法履行纳税义务,并依法享受税收优惠。

依照前条规定不需要办理市场主体登记的电子商务经营者在首次纳税义务发生后,应当依照税收征收管理法律、行政法规的规定申请办理税务登记,并如实申报纳税。

第十二条　电子商务经营者从事经营活动,依法需要取得相关行政许可的,应当依法取得行政许可。

第十三条　电子商务经营者销售的商品或者提供的服务应当符合保障人身、财产安全的要求和环境保护要求,不得销售或者提供法律、行政法规禁止交易的商品或者服务。

第十四条　电子商务经营者销售商品或者提供服务应当依法出具纸质发票或者电子发票等购货凭证或者服务单据。电子发票与纸质发票具有同等法律效力。

第十五条　电子商务经营者应当在其首页显著位置,持续公示营业执照信息、与其经营业务有关的行政许可信息、属于依照本法第十条规定的不需要办理市场主体登记情形等信息,或者上述信息的链接标识。

前款规定的信息发生变更的,电子商务经营者应当及时更新公示信息。

第十六条　电子商务经营者自行终止从事电子商务的,应当提前三十日在首页显著位置持续公示有关信息。

第十七条　电子商务经营者应当全面、真实、准确、及时地披露商品或者服务信息,保障消费者的知情权和选择权。电子商务经营者不得以虚构交易、编造用户评价等方式进行虚假或者引人误解的商业宣传,欺骗、误导消费者。

第十八条　电子商务经营者根据消费者的兴趣爱好、消费习惯等特征向其提供商品或者服务的搜索结果的,应当同时向该消费者提供不针对其个人特征的选项,尊重和平等保护消费者合法权益。

电子商务经营者向消费者发送广告的,应当遵守《中华人民共和国广告法》的有关规定。

第十九条　电子商务经营者搭售商品或者服务,应当以显著方式提请消费者注意,不得将搭售商品或者服务作为默认同意的选项。

第二十条　电子商务经营者应当按照承诺或者与消费者约定的方式、时限向消费者交付商品或者服务,并承担商品运输中的风险和责任。但是,消费者另行选择快递物流服务提供者的除外。

第二十一条　电子商务经营者按照约定向消费者收取押金的,应当明示押金退还的方式、程序,不得对押金退还设置不合理条件。消费者申请退还押金,符合押金退还条件的,电子商务经营者应当及时退还。

第二十二条　电子商务经营者因其技术优势、用户数量、对相关行业的控制能力以及其他经营者对该电子商务经营者在交易上的依赖程度等因素而具有市场支配地位的,不得滥用市场支配地位,排除、限制竞争。

第二十三条　电子商务经营者收集、使用其用户的个人信息,应当遵守法律、行政法规有关个人信息保护的规定。

第二十四条　电子商务经营者应当明示用户信息查询、更正、删除以及用户注销的方式、程序,不得对用户信息查询、更正、删除以及用户注销设置不合理条件。

电子商务经营者收到用户信息查询或者更正、删除的申请的,应当在核实身份后及时提供查询或者更正、删除用户信息。用户注销的,电子商务经营者应当立即删除该用户的信息;依照法律、行政法规的规定或者双方约定保存的,依照其规定。

第二十五条　有关主管部门依照法律、行政法规的规定要求电子商务经营者提供有关电子商务数据信息的,电子商务经营者应当提供。有关主管部门应当采取必要措施保护电子商务经营者提供的数据信息的安全,并对其中的个人信息、隐私和商业秘密严格保密,不得泄露、出售或者非法向他人提供。

第二十六条　电子商务经营者从事跨境电子商务,应当遵守进出口监督管理的法律、行政法规和国家有关规定。

第二节　电子商务平台经营者

第二十七条　电子商务平台经营者应当要求申请进入平台销售商品或者提供服务的经营者提交其身份、地址、联系方式、行政许可等真实信息,进行核验、登记,建立登记档案,并定期核验更新。

电子商务平台经营者为进入平台销售商品或者提供服务的非经营用户提供服务,应当遵守本节有关规定。

第二十八条　电子商务平台经营者应当按照规定向市场监督管理部门报送平台内经营者的身份信息,提示未办理市场主体登记的经营者依法办理登记,并配合市场监督管理部门,针对电子商务的特点,为应当办理市场主体登记的经营者办理登记提供便利。

电子商务平台经营者应当依照税收征收管理法律、行政法规的规定,向税务部门报送平台内经营者的身份信息和与纳税有关的信息,并应当提示依照本法第十条规定不需要办理市场主体登记的电子商务经营者依照本法第十一条第二款的规定办理税务登记。

第二十九条　电子商务平台经营者发现平台内的商品或者服务信息存在违反本法第十二条、第十三条规定情形的,应当依法采取必要的处置措施,并向有关主管部门报告。

第三十条　电子商务平台经营者应当采取技术措施和其他必要措施保证其网络安全、稳定运行,防范网络违法犯罪活动,有效应对网络安全事件,保障电子商务交易安全。

电子商务平台经营者应当制定网络安全事件应急预案,发生网络安全事件时,应当立即启动应急预案,采取相应的补救措施,并向有关主管部门报告。

第三十一条　电子商务平台经营者应当记录、保存平台上发布的商品和服务信息、交易信息,并确保信息的完整性、保密性、可用性。商品和服务信息、交易信息保存时间自交易完成之日起不少于三年;法律、行政法规另有规定的,依照其规定。

第三十二条　电子商务平台经营者应当遵循公开、公平、公正的原则,制定平台服务协议和交易规则,明确进入和退出平台、商品和服务质量保障、消费者权益保护、个人信息保护等方面的权利和义务。

第三十三条　电子商务平台经营者应当在其首页显著位置持续公示平台服务协议和交易规则信息或者上述信息的链接标识,并保证经营者和消费者能够便利、完整地阅览和下载。

第三十四条　电子商务平台经营者修改平台服务协议和交易规则,应当在其首页显著位置公开征求意见,采取合理措施确保有关各方能够及时充分表达意见。修改内容应当至少在实施前七日予以公示。

平台内经营者不接受修改内容,要求退出平台的,电子商务平台经营者不得阻止,并按照修改前的服务协议和交易规则承担相关责任。

第三十五条　电子商务平台经营者不得利用服务协议、交易规则以及技术等手段,对平台内经营者在平台内的交易、交易价格以及与其他经营者的交易等进行不合理限制或者附加不合理条件,或者向平台内经营者收取不合理费用。

第三十六条　电子商务平台经营者依据平台服务协议和交易规则对平台内经营者违反法律、法规的行为实施警示、暂停或者终止服务等措施的,应当及时公示。

第三十七条　电子商务平台经营者在其平台上开展自营业务的,应当以显著方式区分标记自营业务和平台内经营者开展的业务,不得误导消费者。

电子商务平台经营者对其标记为自营的业务依法承担商品销售者或者服务提供者的民事责任。

第三十八条 电子商务平台经营者知道或者应当知道平台内经营者销售的商品或者提供的服务不符合保障人身、财产安全的要求，或者有其他侵害消费者合法权益行为，未采取必要措施的，依法与该平台内经营者承担连带责任。

对关系消费者生命健康的商品或者服务，电子商务平台经营者对平台内经营者的资质资格未尽到审核义务，或者对消费者未尽到安全保障义务，造成消费者损害的，依法承担相应的责任。

第三十九条 电子商务平台经营者应当建立健全信用评价制度，公示信用评价规则，为消费者提供对平台内销售的商品或者提供的服务进行评价的途径。

电子商务平台经营者不得删除消费者对其平台内销售的商品或者提供的服务的评价。

第四十条 电子商务平台经营者应当根据商品或者服务的价格、销量、信用等以多种方式向消费者显示商品或者服务的搜索结果；对于竞价排名的商品或者服务，应当显著标明"广告"。

第四十一条 电子商务平台经营者应当建立知识产权保护规则，与知识产权权利人加强合作，依法保护知识产权。

第四十二条 知识产权权利人认为其知识产权受到侵害的，有权通知电子商务平台经营者采取删除、屏蔽、断开链接、终止交易和服务等必要措施。通知应当包括构成侵权的初步证据。

电子商务平台经营者接到通知后，应当及时采取必要措施，并将该通知转送平台内经营者；未及时采取必要措施的，对损害的扩大部分与平台内经营者承担连带责任。

因通知错误造成平台内经营者损害的，依法承担民事责任。恶意发出错误通知，造成平台内经营者损失的，加倍承担赔偿责任。

第四十三条 平台内经营者接到转送的通知后，可以向电子商务平台经营者提交不存在侵权行为的声明。声明应当包括不存在侵权行为的初步证据。

电子商务平台经营者接到声明后，应当将该声明转送发出通知的知识产权权利人，并告知其可以向有关主管部门投诉或者向人民法院起诉。电子商务平台经营者在转送声明到达知识产权权利人后十五日内，未收到权利人已经投诉或者起诉通知的，应当及时终止所采取的措施。

第四十四条 电子商务平台经营者应当及时公示收到的本法第四十二条、第四十三条规定的通知、声明及处理结果。

第四十五条　电子商务平台经营者知道或者应当知道平台内经营者侵犯知识产权的,应当采取删除、屏蔽、断开链接、终止交易和服务等必要措施;未采取必要措施的,与侵权人承担连带责任。

第四十六条　除本法第九条第二款规定的服务外,电子商务平台经营者可以按照平台服务协议和交易规则,为经营者之间的电子商务提供仓储、物流、支付结算、交收等服务。电子商务平台经营者为经营者之间的电子商务提供服务,应当遵守法律、行政法规和国家有关规定,不得采取集中竞价、做市商等集中交易方式进行交易,不得进行标准化合约交易。

第三章　电子商务合同的订立与履行

第四十七条　电子商务当事人订立和履行合同,适用本章和《中华人民共和国民法总则》《中华人民共和国合同法》《中华人民共和国电子签名法》等法律的规定。

第四十八条　电子商务当事人使用自动信息系统订立或者履行合同的行为对使用该系统的当事人具有法律效力。

在电子商务中推定当事人具有相应的民事行为能力。但是,有相反证据足以推翻的除外。

第四十九条　电子商务经营者发布的商品或者服务信息符合要约条件的,用户选择该商品或者服务并提交订单成功,合同成立。当事人另有约定的,从其约定。

电子商务经营者不得以格式条款等方式约定消费者支付价款后合同不成立;格式条款等含有该内容的,其内容无效。

第五十条　电子商务经营者应当清晰、全面、明确地告知用户订立合同的步骤、注意事项、下载方法等事项,并保证用户能够便利、完整地阅览和下载。

电子商务经营者应当保证用户在提交订单前可以更正输入错误。

第五十一条　合同标的为交付商品并采用快递物流方式交付的,收货人签收时间为交付时间。合同标的为提供服务的,生成的电子凭证或者实物凭证中载明的时间为交付时间;前述凭证没有载明时间或者载明时间与实际提供服务时间不一致的,实际提供服务的时间为交付时间。

合同标的为采用在线传输方式交付的,合同标的进入对方当事人指定的特定系统并且能够检索识别的时间为交付时间。

合同当事人对交付方式、交付时间另有约定的,从其约定。

第五十二条 电子商务当事人可以约定采用快递物流方式交付商品。

快递物流服务提供者为电子商务提供快递物流服务,应当遵守法律、行政法规,并应当符合承诺的服务规范和时限。快递物流服务提供者在交付商品时,应当提示收货人当面查验;交由他人代收的,应当经收货人同意。

快递物流服务提供者应当按照规定使用环保包装材料,实现包装材料的减量化和再利用。

快递物流服务提供者在提供快递物流服务的同时,可以接受电子商务经营者的委托提供代收货款服务。

第五十三条 电子商务当事人可以约定采用电子支付方式支付价款。

电子支付服务提供者为电子商务提供电子支付服务,应当遵守国家规定,告知用户电子支付服务的功能、使用方法、注意事项、相关风险和收费标准等事项,不得附加不合理交易条件。电子支付服务提供者应当确保电子支付指令的完整性、一致性、可跟踪稽核和不可篡改。

电子支付服务提供者应当向用户免费提供对账服务以及最近三年的交易记录。

第五十四条 电子支付服务提供者提供电子支付服务不符合国家有关支付安全管理要求,造成用户损失的,应当承担赔偿责任。

第五十五条 用户在发出支付指令前,应当核对支付指令所包含的金额、收款人等完整信息。

支付指令发生错误的,电子支付服务提供者应当及时查找原因,并采取相关措施予以纠正。造成用户损失的,电子支付服务提供者应当承担赔偿责任,但能够证明支付错误非自身原因造成的除外。

第五十六条 电子支付服务提供者完成电子支付后,应当及时准确地向用户提供符合约定方式的确认支付的信息。

第五十七条 用户应当妥善保管交易密码、电子签名数据等安全工具。用户发现安全工具遗失、被盗用或者未经授权的支付的,应当及时通知电子支付服务提供者。

未经授权的支付造成的损失,由电子支付服务提供者承担;电子支付服务提供者能够证明未经授权的支付是因用户的过错造成的,不承担责任。

电子支付服务提供者发现支付指令未经授权,或者收到用户支付指令未经授权的通知时,应当立即采取措施防止损失扩大。电子支付服务提供者未及时采取措施导致损失扩大的,对损失扩大部分承担责任。

第四章　电子商务争议解决

第五十八条　国家鼓励电子商务平台经营者建立有利于电子商务发展和消费者权益保护的商品、服务质量担保机制。

电子商务平台经营者与平台内经营者协议设立消费者权益保证金的,双方应当就消费者权益保证金的提取数额、管理、使用和退还办法等作出明确约定。

消费者要求电子商务平台经营者承担先行赔偿责任以及电子商务平台经营者赔偿后向平台内经营者的追偿,适用《中华人民共和国消费者权益保护法》的有关规定。

第五十九条　电子商务经营者应当建立便捷、有效的投诉、举报机制,公开投诉、举报方式等信息,及时受理并处理投诉、举报。

第六十条　电子商务争议可以通过协商和解,请求消费者组织、行业协会或者其他依法成立的调解组织调解,向有关部门投诉,提请仲裁,或者提起诉讼等方式解决。

第六十一条　消费者在电子商务平台购买商品或者接受服务,与平台内经营者发生争议时,电子商务平台经营者应当积极协助消费者维护合法权益。

第六十二条　在电子商务争议处理中,电子商务经营者应当提供原始合同和交易记录。因电子商务经营者丢失、伪造、篡改、销毁、隐匿或者拒绝提供前述资料,致使人民法院、仲裁机构或者有关机关无法查明事实的,电子商务经营者应当承担相应的法律责任。

第六十三条　电子商务平台经营者可以建立争议在线解决机制,制定并公示争议解决规则,根据自愿原则,公平、公正地解决当事人的争议。

第五章　电子商务促进

第六十四条　国务院和省、自治区、直辖市人民政府应当将电子商务发展纳入国民经济和社会发展规划,制定科学合理的产业政策,促进电子商务创新发展。

第六十五条　国务院和县级以上地方人民政府及其有关部门应当采取措施,支持、推动绿色包装、仓储、运输,促进电子商务绿色发展。

第六十六条　国家推动电子商务基础设施和物流网络建设,完善电子商务统计制度,加强电子商务标准体系建设。

第六十七条 国家推动电子商务在国民经济各个领域的应用,支持电子商务与各产业融合发展。

第六十八条 国家促进农业生产、加工、流通等环节的互联网技术应用,鼓励各类社会资源加强合作,促进农村电子商务发展,发挥电子商务在精准扶贫中的作用。

第六十九条 国家维护电子商务交易安全,保护电子商务用户信息,鼓励电子商务数据开发应用,保障电子商务数据依法有序自由流动。

国家采取措施推动建立公共数据共享机制,促进电子商务经营者依法利用公共数据。

第七十条 国家支持依法设立的信用评价机构开展电子商务信用评价,向社会提供电子商务信用评价服务。

第七十一条 国家促进跨境电子商务发展,建立健全适应跨境电子商务特点的海关、税收、进出境检验检疫、支付结算等管理制度,提高跨境电子商务各环节便利化水平,支持跨境电子商务平台经营者等为跨境电子商务提供仓储物流、报关、报检等服务。

国家支持小型微型企业从事跨境电子商务。

第七十二条 国家进出口管理部门应当推进跨境电子商务海关申报、纳税、检验检疫等环节的综合服务和监管体系建设,优化监管流程,推动实现信息共享、监管互认、执法互助,提高跨境电子商务服务和监管效率。跨境电子商务经营者可以凭电子单证向国家进出口管理部门办理有关手续。

第七十三条 国家推动建立与不同国家、地区之间跨境电子商务的交流合作,参与电子商务国际规则的制定,促进电子签名、电子身份等国际互认。

国家推动建立与不同国家、地区之间的跨境电子商务争议解决机制。

第六章 法律责任

第七十四条 电子商务经营者销售商品或者提供服务,不履行合同义务或者履行合同义务不符合约定,或者造成他人损害的,依法承担民事责任。

第七十五条 电子商务经营者违反本法第十二条、第十三条规定,未取得相关行政许可从事经营活动,或者销售、提供法律、行政法规禁止交易的商品、服务,或者不履行本法第二十五条规定的信息提供义务,电子商务平台经营者违反本法第四十六条规定,采取集中交易方式进行交易,或者进行标准化合约交易的,依照有关法律、行政法规的规定处罚。

第七十六条　电子商务经营者违反本法规定,有下列行为之一的,由市场监督管理部门责令限期改正,可以处一万元以下的罚款,对其中的电子商务平台经营者,依照本法第八十一条第一款的规定处罚:

(一)未在首页显著位置公示营业执照信息、行政许可信息、属于不需要办理市场主体登记情形等信息,或者上述信息的链接标识的;

(二)未在首页显著位置持续公示终止电子商务的有关信息的;

(三)未明示用户信息查询、更正、删除以及用户注销的方式、程序,或者对用户信息查询、更正、删除以及用户注销设置不合理条件的。

电子商务平台经营者对违反前款规定的平台内经营者未采取必要措施的,由市场监督管理部门责令限期改正,可以处二万元以上十万元以下的罚款。

第七十七条　电子商务经营者违反本法第十八条第一款规定提供搜索结果,或者违反本法第十九条规定搭售商品、服务的,由市场监督管理部门责令限期改正,没收违法所得,可以并处五万元以上二十万元以下的罚款;情节严重的,并处二十万元以上五十万元以下的罚款。

第七十八条　电子商务经营者违反本法第二十一条规定,未向消费者明示押金退还的方式、程序,对押金退还设置不合理条件,或者不及时退还押金的,由有关主管部门责令限期改正,可以处五万元以上二十万元以下的罚款;情节严重的,处二十万元以上五十万元以下的罚款。

第七十九条　电子商务经营者违反法律、行政法规有关个人信息保护的规定,或者不履行本法第三十条和有关法律、行政法规规定的网络安全保障义务的,依照《中华人民共和国网络安全法》等法律、行政法规的规定处罚。

第八十条　电子商务平台经营者有下列行为之一的,由有关主管部门责令限期改正;逾期不改正的,处二万元以上十万元以下的罚款;情节严重的,责令停业整顿,并处十万元以上五十万元以下的罚款:

(一)不履行本法第二十七条规定的核验、登记义务的;

(二)不按照本法第二十八条规定向市场监督管理部门、税务部门报送有关信息的;

(三)不按照本法第二十九条规定对违法情形采取必要的处置措施,或者未向有关主管部门报告的;

(四)不履行本法第三十一条规定的商品和服务信息、交易信息保存义务的。

法律、行政法规对前款规定的违法行为的处罚另有规定的,依照其规定。

第八十一条　电子商务平台经营者违反本法规定,有下列行为之一的,由

市场监督管理部门责令限期改正,可以处二万元以上十万元以下的罚款;情节严重的,处十万元以上五十万元以下的罚款:

（一）未在首页显著位置持续公示平台服务协议、交易规则信息或者上述信息的链接标识的;

（二）修改交易规则未在首页显著位置公开征求意见,未按照规定的时间提前公示修改内容,或者阻止平台内经营者退出的;

（三）未以显著方式区分标记自营业务和平台内经营者开展的业务的;

（四）未为消费者提供对平台内销售的商品或者提供的服务进行评价的途径,或者擅自删除消费者的评价的。

电子商务平台经营者违反本法第四十条规定,对竞价排名的商品或者服务未显著标明"广告"的,依照《中华人民共和国广告法》的规定处罚。

第八十二条 电子商务平台经营者违反本法第三十五条规定,对平台内经营者在平台内的交易、交易价格或者与其他经营者的交易等进行不合理限制或者附加不合理条件,或者向平台内经营者收取不合理费用的,由市场监督管理部门责令限期改正,可以处五万元以上五十万元以下的罚款;情节严重的,处五十万元以上二百万元以下的罚款。

第八十三条 电子商务平台经营者违反本法第三十八条规定,对平台内经营者侵害消费者合法权益行为未采取必要措施,或者对平台内经营者未尽到资质资格审核义务,或者对消费者未尽到安全保障义务的,由市场监督管理部门责令限期改正,可以处五万元以上五十万元以下的罚款;情节严重的,责令停业整顿,并处五十万元以上二百万元以下的罚款。

第八十四条 电子商务平台经营者违反本法第四十二条、第四十五条规定,对平台内经营者实施侵犯知识产权行为未依法采取必要措施的,由有关知识产权行政部门责令限期改正;逾期不改正的,处五万元以上五十万元以下的罚款;情节严重的,处五十万元以上二百万元以下的罚款。

第八十五条 电子商务经营者违反本法规定,销售的商品或者提供的服务不符合保障人身、财产安全的要求,实施虚假或者引人误解的商业宣传等不正当竞争行为,滥用市场支配地位,或者实施侵犯知识产权、侵害消费者权益等行为的,依照有关法律的规定处罚。

第八十六条 电子商务经营者有本法规定的违法行为的,依照有关法律、行政法规的规定记入信用档案,并予以公示。

第八十七条 依法负有电子商务监督管理职责的部门的工作人员,玩忽职守、滥用职权、徇私舞弊,或者泄露、出售或者非法向他人提供在履行职责中所知悉的个人信息、隐私和商业秘密的,依法追究法律责任。

第八十八条　违反本法规定,构成违反治安管理行为的,依法给予治安管理处罚;构成犯罪的,依法追究刑事责任。

第七章　附　　则

第八十九条　本法自 2019 年 1 月 1 日起施行。

中华人民共和国刑法（节录）

（1979 年 7 月 1 日第五届全国人民代表大会第二次会议通过　1997 年 3 月 14 日第八届全国人民代表大会第五次会议修订　根据 1998 年 12 月 29 日第九届全国人民代表大会常务委员会第六次会议通过的《全国人民代表大会常务委员会关于惩治骗购外汇、逃汇和非法买卖外汇犯罪的决定》、1999 年 12 月 25 日第九届全国人民代表大会常务委员会第十三次会议通过的《中华人民共和国刑法修正案》、2001 年 8 月 31 日第九届全国人民代表大会常务委员会第二十三次会议通过的《中华人民共和国刑法修正案（二）》、2001 年 12 月 29 日第九届全国人民代表大会常务委员会第二十五次会议通过的《中华人民共和国刑法修正案（三）》、2002 年 12 月 28 日第九届全国人民代表大会常务委员会第三十一次会议通过的《中华人民共和国刑法修正案（四）》、2005 年 2 月 28 日第十届全国人民代表大会常务委员会第十四次会议通过的《中华人民共和国刑法修正案（五）》、2006 年 6 月 29 日第十届全国人民代表大会常务委员会第二十二次会议通过的《中华人民共和国刑法修正案（六）》、2009 年 2 月 28 日第十一届全国人民代表大会常务委员会第七次会议通过的《中华人民共和国刑法修正案（七）》、2009 年 8 月 27 日第十一届全国人民代表大会常务委员会第十次会议通过的《全国人民代表大会常务委员会关于修改部分法律的决定》、2011 年 2 月 25 日第十一届全国人民代表大会常务委员会第十九次会议通过的《中华人民共和国刑法修正案（八）》、2015 年 8 月 29 日第十二届全国人民代表大会常务委员会第十六次会议通过的《中华人民共和国刑法修正案（九）》、2017 年 11 月 4 日第十二届全国人民代表大会常务委员会第三十次会议通过的《中华人民共和国刑法修正案（十）》和 2020 年 12 月 26 日第十三届全国人民代表大会常务委员会第二十四次会议通过的《中华人民共和国刑法修正案（十一）》修正）

第二百五十三条之一　［侵犯公民个人信息罪］　违反国家有关规定，向他人出售或者提供公民个人信息，情节严重的，处三年以下有期徒刑或者拘役，并处或者单处罚金；情节特别严重的，处三年以上七年以下有期徒刑，并处罚金。

　　违反国家有关规定,将在履行职责或者提供服务过程中获得的公民个人信息,出售或者提供给他人的,依照前款的规定从重处罚。

　　窃取或者以其他方法非法获取公民个人信息的,依照第一款的规定处罚。

　　单位犯前三款罪的,对单位判处罚金,并对其直接负责的主管人员和其他直接责任人员,依照各该款的规定处罚。

中华人民共和国未成年人保护法（节录）

（1991 年 9 月 4 日第七届全国人民代表大会常务委员会第二十一次会议通过　2006 年 12 月 29 日第十届全国人民代表大会常务委员会第二十五次会议第一次修订　根据 2012 年 10 月 26 日第十一届全国人民代表大会常务委员会第二十九次会议《关于修改〈中华人民共和国未成年人保护法〉的决定》修正 2020 年 10 月 17 日第十三届全国人民代表大会常务委员会第二十二次会议第二次修订）

第七十二条　信息处理者通过网络处理未成年人个人信息的，应当遵循合法、正当和必要的原则。处理不满十四周岁未成年人个人信息的，应当征得未成年人的父母或者其他监护人同意，但法律、行政法规另有规定的除外。

未成年人、父母或者其他监护人要求信息处理者更正、删除未成年人个人信息的，信息处理者应当及时采取措施予以更正、删除，但法律、行政法规另有规定的除外。

中华人民共和国民法典（节录）

（2020 年 5 月 28 日第十三届全国人民代表大会第三次会议通过）

第一千零三十条 民事主体与征信机构等信用信息处理者之间的关系，适用本编有关个人信息保护的规定和其他法律、行政法规的有关规定。

第一千零三十一条 民事主体享有荣誉权。任何组织或者个人不得非法剥夺他人的荣誉称号，不得诋毁、贬损他人的荣誉。

获得的荣誉称号应当记载而没有记载的，民事主体可以请求记载；获得的荣誉称号记载错误的，民事主体可以请求更正。

第一千零三十二条 自然人享有隐私权。任何组织或者个人不得以刺探、侵扰、泄露、公开等方式侵害他人的隐私权。

隐私是自然人的私人生活安宁和不愿为他人知晓的私密空间、私密活动、私密信息。

第一千零三十三条 除法律另有规定或者权利人明确同意外，任何组织或者个人不得实施下列行为：

（一）以电话、短信、即时通讯工具、电子邮件、传单等方式侵扰他人的私人生活安宁；

（二）进入、拍摄、窥视他人的住宅、宾馆房间等私密空间；

（三）拍摄、窥视、窃听、公开他人的私密活动；

（四）拍摄、窥视他人身体的私密部位；

（五）处理他人的私密信息；

（六）以其他方式侵害他人的隐私权。

第一千零三十四条 自然人的个人信息受法律保护。

个人信息是以电子或者其他方式记录的能够单独或者与其他信息结合识别特定自然人的各种信息，包括自然人的姓名、出生日期、身份证件号码、生物识别信息、住址、电话号码、电子邮箱、健康信息、行踪信息等。

个人信息中的私密信息，适用有关隐私权的规定；没有规定的，适用有关个人信息保护的规定。

第一千零三十五条 处理个人信息的,应当遵循合法、正当、必要原则,不得过度处理,并符合下列条件:

(一)征得该自然人或者其监护人同意,但是法律、行政法规另有规定的除外;

(二)公开处理信息的规则;

(三)明示处理信息的目的、方式和范围;

(四)不违反法律、行政法规的规定和双方的约定。

个人信息的处理包括个人信息的收集、存储、使用、加工、传输、提供、公开等。

第一千零三十六条 处理个人信息,有下列情形之一的,行为人不承担民事责任:

(一)在该自然人或者其监护人同意的范围内合理实施的行为;

(二)合理处理该自然人自行公开的或者其他已经合法公开的信息,但是该自然人明确拒绝或者处理该信息侵害其重大利益的除外;

(三)为维护公共利益或者该自然人合法权益,合理实施的其他行为。

第一千零三十七条 自然人可以依法向信息处理者查阅或者复制其个人信息;发现信息有错误的,有权提出异议并请求及时采取更正等必要措施。

自然人发现信息处理者违反法律、行政法规的规定或者双方的约定处理其个人信息的,有权请求信息处理者及时删除。

第一千零三十八条 信息处理者不得泄露或者篡改其收集、存储的个人信息;未经自然人同意,不得向他人非法提供其个人信息,但是经过加工无法识别特定个人且不能复原的除外。

信息处理者应当采取技术措施和其他必要措施,确保其收集、存储的个人信息安全,防止信息泄露、篡改、丢失;发生或者可能发生个人信息泄露、篡改、丢失的,应当及时采取补救措施,按照规定告知自然人并向有关主管部门报告。

第一千零三十九条 国家机关、承担行政职能的法定机构及其工作人员对于履行职责过程中知悉的自然人的隐私和个人信息,应当予以保密,不得泄露或者向他人非法提供。

中华人民共和国网络安全法（节录）

（2016 年 11 月 7 日第十二届全国人民代表大会常务委员会第二十四次会议通过）

第四十条　网络运营者应当对其收集的用户信息严格保密，并建立健全用户信息保护制度。

第四十一条　网络运营者收集、使用个人信息，应当遵循合法、正当、必要的原则，公开收集、使用规则，明示收集、使用信息的目的、方式和范围，并经被收集者同意。

网络运营者不得收集与其提供的服务无关的个人信息，不得违反法律、行政法规的规定和双方的约定收集、使用个人信息，并应当依照法律、行政法规的规定和与用户的约定，处理其保存的个人信息。

第四十二条　网络运营者不得泄露、篡改、毁损其收集的个人信息；未经被收集者同意，不得向他人提供个人信息。但是，经过处理无法识别特定个人且不能复原的除外。

网络运营者应当采取技术措施和其他必要措施，确保其收集的个人信息安全，防止信息泄露、毁损、丢失。在发生或者可能发生个人信息泄露、毁损、丢失的情况时，应当立即采取补救措施，按照规定及时告知用户并向有关主管部门报告。

第四十三条　个人发现网络运营者违反法律、行政法规的规定或者双方的约定收集、使用其个人信息的，有权要求网络运营者删除其个人信息；发现网络运营者收集、存储的其个人信息有错误的，有权要求网络运营者予以更正。网络运营者应当采取措施予以删除或者更正。

第四十四条　任何个人和组织不得窃取或者以其他非法方式获取个人信息，不得非法出售或者非法向他人提供个人信息。

第四十五条　依法负有网络安全监督管理职责的部门及其工作人员，必须对在履行职责中知悉的个人信息、隐私和商业秘密严格保密，不得泄露、出售或者非法向他人提供。

第四十六条 任何个人和组织应当对其使用网络的行为负责,不得设立用于实施诈骗,传授犯罪方法,制作或者销售违禁物品、管制物品等违法犯罪活动的网站、通讯群组,不得利用网络发布涉及实施诈骗,制作或者销售违禁物品、管制物品以及其他违法犯罪活动的信息。

第四十七条 网络运营者应当加强对其用户发布的信息的管理,发现法律、行政法规禁止发布或者传输的信息的,应当立即停止传输该信息,采取消除等处置措施,防止信息扩散,保存有关记录,并向有关主管部门报告。

第四十八条 任何个人和组织发送的电子信息、提供的应用软件,不得设置恶意程序,不得含有法律、行政法规禁止发布或者传输的信息。

电子信息发送服务提供者和应用软件下载服务提供者,应当履行安全管理义务,知道其用户有前款规定行为的,应当停止提供服务,采取消除等处置措施,保存有关记录,并向有关主管部门报告。

第四十九条 网络运营者应当建立网络信息安全投诉、举报制度,公布投诉、举报方式等信息,及时受理并处理有关网络信息安全的投诉和举报。

网络运营者对网信部门和有关部门依法实施的监督检查,应当予以配合。

第五十条 国家网信部门和有关部门依法履行网络信息安全监督管理职责,发现法律、行政法规禁止发布或者传输的信息的,应当要求网络运营者停止传输,采取消除等处置措施,保存有关记录;对来源于中华人民共和国境外的上述信息,应当通知有关机构采取技术措施和其他必要措施阻断传播。

中华人民共和国消费者权益保护法（节录）

（1993 年 10 月 31 日第八届全国人民代表大会常务委员会第四次会议通过　根据 2009 年 8 月 27 日第十一届全国人民代表大会常务委员会第十次会议《关于修改部分法律的决定》第一次修正　根据 2013 年 10 月 25 日第十二届全国人民代表大会常务委员会第五次会议《关于修改〈中华人民共和国消费者权益保护法〉的决定》第二次修正）

第二十九条　经营者收集、使用消费者个人信息，应当遵循合法、正当、必要的原则，明示收集、使用信息的目的、方式和范围，并经消费者同意。经营者收集、使用消费者个人信息，应当公开其收集、使用规则，不得违反法律、法规的规定和双方的约定收集、使用信息。

经营者及其工作人员对收集的消费者个人信息必须严格保密，不得泄露、出售或者非法向他人提供。经营者应当采取技术措施和其他必要措施，确保信息安全，防止消费者个人信息泄露、丢失。在发生或者可能发生信息泄露、丢失的情况时，应当立即采取补救措施。

经营者未经消费者同意或者请求，或者消费者明确表示拒绝的，不得向其发送商业性信息。

中华人民共和国传染病防治法（节录）

（1989 年 2 月 21 日第七届全国人民代表大会常务委员会第六次会议通过
2004 年 8 月 28 日第十届全国人民代表大会常务委员会第十一次会议修订
根据 2013 年 6 月 29 日第十二届全国人民代表大会常务委员会第三次会议《关
于修改〈中华人民共和国文物保护法〉等十二部法律的决定》修正）

第十二条　在中华人民共和国领域内的一切单位和个人，必须接受疾病预防控制机构、医疗机构有关传染病的调查、检验、采集样本、隔离治疗等预防、控制措施，如实提供有关情况。疾病预防控制机构、医疗机构不得泄露涉及个人隐私的有关信息、资料。

卫生行政部门以及其他有关部门、疾病预防控制机构和医疗机构因违法实施行政管理或者预防、控制措施，侵犯单位和个人合法权益的，有关单位和个人可以依法申请行政复议或者提起诉讼。

中华人民共和国反洗钱法（节录）

（2006年10月31日第十届全国人民代表大会常务委员会第二十四次会议通过）

第五条 对依法履行反洗钱职责或者义务获得的客户身份资料和交易信息，应当予以保密；非依法律规定，不得向任何单位和个人提供。

反洗钱行政主管部门和其他依法负有反洗钱监督管理职责的部门、机构履行反洗钱职责获得的客户身份资料和交易信息，只能用于反洗钱行政调查。

司法机关依照本法获得的客户身份资料和交易信息，只能用于反洗钱刑事诉讼。

第十七条 金融机构通过第三方识别客户身份的，应当确保第三方已经采取符合本法要求的客户身份识别措施；第三方未采取符合本法要求的客户身份识别措施的，由该金融机构承担未履行客户身份识别义务的责任。

第十八条 金融机构进行客户身份识别，认为必要时，可以向公安、工商行政管理等部门核实客户的有关身份信息。

第十九条 金融机构应当按照规定建立客户身份资料和交易记录保存制度。

在业务关系存续期间，客户身份资料发生变更的，应当及时更新客户身份资料。

客户身份资料在业务关系结束后、客户交易信息在交易结束后，应当至少保存五年。

金融机构破产和解散时，应当将客户身份资料和客户交易信息移交国务院有关部门指定的机构。

第三十二条 金融机构有下列行为之一的，由国务院反洗钱行政主管部门或者其授权的设区的市一级以上派出机构责令限期改正；情节严重的，处二十万元以上五十万元以下罚款，并对直接负责的董事、高级管理人员和其他直接责任人员，处一万元以上五万元以下罚款：

（一）未按照规定履行客户身份识别义务的；

（二）未按照规定保存客户身份资料和交易记录的；

（三）未按照规定报送大额交易报告或者可疑交易报告的；

（四）与身份不明的客户进行交易或者为客户开立匿名账户、假名账户的；

（五）违反保密规定，泄露有关信息的；

（六）拒绝、阻碍反洗钱检查、调查的；

（七）拒绝提供调查材料或者故意提供虚假材料的。

金融机构有前款行为，致使洗钱后果发生的，处五十万元以上五百万元以下罚款，并对直接负责的董事、高级管理人员和其他直接责任人员处五万元以上五十万元以下罚款；情节特别严重的，反洗钱行政主管部门可以建议有关金融监督管理机构责令停业整顿或者吊销其经营许可证。

对有前两款规定情形的金融机构直接负责的董事、高级管理人员和其他直接责任人员，反洗钱行政主管部门可以建议有关金融监督管理机构依法责令金融机构给予纪律处分，或者建议依法取消其任职资格、禁止其从事有关金融行业工作。

第三十三条 违反本法规定，构成犯罪的，依法追究刑事责任。

全国人民代表大会常务委员会关于维护互联网安全的决定

(2000 年 12 月 28 日第九届全国人民代表大会常务委员会第十九次会议通过 根据 2009 年 8 月 27 日第十一届全国人民代表大会常务委员会第十次会议《关于修改部分法律的决定》修正)

我国的互联网,在国家大力倡导和积极推动下,在经济建设和各项事业中得到日益广泛的应用,使人们的生产、工作、学习和生活方式已经开始并将继续发生深刻的变化,对于加快我国国民经济、科学技术的发展和社会服务信息化进程具有重要作用。同时,如何保障互联网的运行安全和信息安全问题已经引起全社会的普遍关注。为了兴利除弊,促进我国互联网的健康发展,维护国家安全和社会公共利益,保护个人、法人和其他组织的合法权益,特作如下决定:

一、为了保障互联网的运行安全,对有下列行为之一,构成犯罪的,依照刑法有关规定追究刑事责任:

(一)侵入国家事务、国防建设、尖端科学技术领域的计算机信息系统;

(二)故意制作、传播计算机病毒等破坏性程序,攻击计算机系统及通信网络,致使计算机系统及通信网络遭受损害;

(三)违反国家规定,擅自中断计算机网络或者通信服务,造成计算机网络或者通信系统不能正常运行。

二、为了维护国家安全和社会稳定,对有下列行为之一,构成犯罪的,依照刑法有关规定追究刑事责任:

(一)利用互联网造谣、诽谤或者发表、传播其他有害信息,煽动颠覆国家政权、推翻社会主义制度,或者煽动分裂国家、破坏国家统一;

(二)通过互联网窃取、泄露国家秘密、情报或者军事秘密;

(三)利用互联网煽动民族仇恨、民族歧视,破坏民族团结;

(四)利用互联网组织邪教组织、联络邪教组织成员,破坏国家法律、行政法规实施。

三、为了维护社会主义市场经济秩序和社会管理秩序,对有下列行为之一,构成犯罪的,依照刑法有关规定追究刑事责任:

（一）利用互联网销售伪劣产品或者对商品、服务作虚假宣传;

（二）利用互联网损害他人商业信誉和商品声誉;

（三）利用互联网侵犯他人知识产权;

（四）利用互联网编造并传播影响证券、期货交易或者其他扰乱金融秩序的虚假信息;

（五）在互联网上建立淫秽网站、网页,提供淫秽站点链接服务,或者传播淫秽书刊、影片、音像、图片。

四、为了保护个人、法人和其他组织的人身、财产等合法权利,对有下列行为之一,构成犯罪的,依照刑法有关规定追究刑事责任:

（一）利用互联网侮辱他人或者捏造事实诽谤他人;

（二）非法截获、篡改、删除他人电子邮件或者其他数据资料,侵犯公民通信自由和通信秘密;

（三）利用互联网进行盗窃、诈骗、敲诈勒索。

五、利用互联网实施本决定第一条、第二条、第三条、第四条所列行为以外的其他行为,构成犯罪的,依照刑法有关规定追究刑事责任。

六、利用互联网实施违法行为,违反社会治安管理,尚不构成犯罪的,由公安机关依照《治安管理处罚法》予以处罚;违反其他法律、行政法规,尚不构成犯罪的,由有关行政管理部门依法给予行政处罚;对直接负责的主管人员和其他直接责任人员,依法给予行政处分或者纪律处分。

利用互联网侵犯他人合法权益,构成民事侵权的,依法承担民事责任。

七、各级人民政府及有关部门要采取积极措施,在促进互联网的应用和网络技术的普及过程中,重视和支持对网络安全技术的研究和开发,增强网络的安全防护能力。有关主管部门要加强对互联网的运行安全和信息安全的宣传教育,依法实施有效的监督管理,防范和制止利用互联网进行的各种违法活动,为互联网的健康发展创造良好的社会环境。从事互联网业务的单位要依法开展活动,发现互联网上出现违法犯罪行为和有害信息时,要采取措施,停止传输有害信息,并及时向有关机关报告。任何单位和个人在利用互联网时,都要遵纪守法,抵制各种违法犯罪行为和有害信息。人民法院、人民检察院、公安机关、国家安全机关要各司其职,密切配合,依法严厉打击利用互联网实施的各种犯罪活动。要动员全社会的力量,依靠全社会的共同努力,保障互联网的运行安全与信息安全,促进社会主义精神文明和物质文明建设。

全国人民代表大会常务委员会关于
加强网络信息保护的决定

(2012 年 12 月 28 日第十一届全国人民代表大会常务委员会第三十次会议通过)

为了保护网络信息安全,保障公民、法人和其他组织的合法权益,维护国家安全和社会公共利益,特作如下决定:

一、国家保护能够识别公民个人身份和涉及公民个人隐私的电子信息。

任何组织和个人不得窃取或者以其他非法方式获取公民个人电子信息,不得出售或者非法向他人提供公民个人电子信息。

二、网络服务提供者和其他企业事业单位在业务活动中收集、使用公民个人电子信息,应当遵循合法、正当、必要的原则,明示收集、使用信息的目的、方式和范围,并经被收集者同意,不得违反法律、法规的规定和双方的约定收集、使用信息。

网络服务提供者和其他企业事业单位收集、使用公民个人电子信息,应当公开其收集、使用规则。

三、网络服务提供者和其他企业事业单位及其工作人员对在业务活动中收集的公民个人电子信息必须严格保密,不得泄露、篡改、毁损,不得出售或者非法向他人提供。

四、网络服务提供者和其他企业事业单位应当采取技术措施和其他必要措施,确保信息安全,防止在业务活动中收集的公民个人电子信息泄露、毁损、丢失。在发生或者可能发生信息泄露、毁损、丢失的情况时,应当立即采取补救措施。

五、网络服务提供者应当加强对其用户发布的信息的管理,发现法律、法规禁止发布或者传输的信息的,应当立即停止传输该信息,采取消除等处置措施,保存有关记录,并向有关主管部门报告。

六、网络服务提供者为用户办理网站接入服务,办理固定电话、移动电话等入网手续,或者为用户提供信息发布服务,应当在与用户签订协议或者确认提供服务时,要求用户提供真实身份信息。

七、任何组织和个人未经电子信息接收者同意或者请求,或者电子信息接收者明确表示拒绝的,不得向其固定电话、移动电话或者个人电子邮箱发送商业性电子信息。

八、公民发现泄露个人身份、散布个人隐私等侵害其合法权益的网络信息,或者受到商业性电子信息侵扰的,有权要求网络服务提供者删除有关信息或者采取其他必要措施予以制止。

九、任何组织和个人对窃取或者以其他非法方式获取、出售或者非法向他人提供公民个人电子信息的违法犯罪行为以及其他网络信息违法犯罪行为,有权向有关主管部门举报、控告;接到举报、控告的部门应当依法及时处理。被侵权人可以依法提起诉讼。

十、有关主管部门应当在各自职权范围内依法履行职责,采取技术措施和其他必要措施,防范、制止和查处窃取或者以其他非法方式获取、出售或者非法向他人提供公民个人电子信息的违法犯罪行为以及其他网络信息违法犯罪行为。有关主管部门依法履行职责时,网络服务提供者应当予以配合,提供技术支持。

国家机关及其工作人员对在履行职责中知悉的公民个人电子信息应当予以保密,不得泄露、篡改、毁损,不得出售或者非法向他人提供。

十一、对有违反本决定行为的,依法给予警告、罚款、没收违法所得、吊销许可证或者取消备案、关闭网站、禁止有关责任人员从事网络服务业务等处罚,记入社会信用档案并予以公布;构成违反治安管理行为的,依法给予治安管理处罚。构成犯罪的,依法追究刑事责任。侵害他人民事权益的,依法承担民事责任。

十二、本决定自公布之日起施行。

第二部分

行政法规

关键信息基础设施安全保护条例

（2021 年 4 月 27 日国务院第 133 次常务会议通过 2021 年 7 月 30 日中华人民共和国国务院令第 745 号公布 自 2021 年 9 月 1 日起施行）

第一章 总 则

第一条 为了保障关键信息基础设施安全,维护网络安全,根据《中华人民共和国网络安全法》,制定本条例。

第二条 本条例所称关键信息基础设施,是指公共通信和信息服务、能源、交通、水利、金融、公共服务、电子政务、国防科技工业等重要行业和领域的,以及其他一旦遭到破坏、丧失功能或者数据泄露,可能严重危害国家安全、国计民生、公共利益的重要网络设施、信息系统等。

第三条 在国家网信部门统筹协调下,国务院公安部门负责指导监督关键信息基础设施安全保护工作。国务院电信主管部门和其他有关部门依照本条例和有关法律、行政法规的规定,在各自职责范围内负责关键信息基础设施安全保护和监督管理工作。

省级人民政府有关部门依据各自职责对关键信息基础设施实施安全保护和监督管理。

第四条 关键信息基础设施安全保护坚持综合协调、分工负责、依法保护,强化和落实关键信息基础设施运营者（以下简称运营者）主体责任,充分发挥政府及社会各方面的作用,共同保护关键信息基础设施安全。

第五条 国家对关键信息基础设施实行重点保护,采取措施,监测、防御、处置来源于中华人民共和国境内外的网络安全风险和威胁,保护关键信息基础设施免受攻击、侵入、干扰和破坏,依法惩治危害关键信息基础设施安全的违法犯罪活动。

任何个人和组织不得实施非法侵入、干扰、破坏关键信息基础设施的活动,不得危害关键信息基础设施安全。

第六条 运营者依照本条例和有关法律、行政法规的规定以及国家标准的强制性要求,在网络安全等级保护的基础上,采取技术保护措施和其他必要措施,应对网络安全事件,防范网络攻击和违法犯罪活动,保障关键信息基础设施安全稳定运行,维护数据的完整性、保密性和可用性。

第七条 对在关键信息基础设施安全保护工作中取得显著成绩或者作出突出贡献的单位和个人,按照国家有关规定给予表彰。

第二章 关键信息基础设施认定

第八条 本条例第二条涉及的重要行业和领域的主管部门、监督管理部门是负责关键信息基础设施安全保护工作的部门(以下简称保护工作部门)。

第九条 保护工作部门结合本行业、本领域实际,制定关键信息基础设施认定规则,并报国务院公安部门备案。

制定认定规则应当主要考虑下列因素:

(一)网络设施、信息系统等对于本行业、本领域关键核心业务的重要程度;

(二)网络设施、信息系统等一旦遭到破坏、丧失功能或者数据泄露可能带来的危害程度;

(三)对其他行业和领域的关联性影响。

第十条 保护工作部门根据认定规则负责组织认定本行业、本领域的关键信息基础设施,及时将认定结果通知运营者,并通报国务院公安部门。

第十一条 关键信息基础设施发生较大变化,可能影响其认定结果的,运营者应当及时将相关情况报告保护工作部门。保护工作部门自收到报告之日起 3 个月内完成重新认定,将认定结果通知运营者,并通报国务院公安部门。

第三章 运营者责任义务

第十二条 安全保护措施应当与关键信息基础设施同步规划、同步建设、同步使用。

第十三条 运营者应当建立健全网络安全保护制度和责任制,保障人力、财力、物力投入。运营者的主要负责人对关键信息基础设施安全保护负总责,领导关键信息基础设施安全保护和重大网络安全事件处置工作,组织研究解决重大网络安全问题。

第十四条　运营者应当设置专门安全管理机构,并对专门安全管理机构负责人和关键岗位人员进行安全背景审查。审查时,公安机关、国家安全机关应当予以协助。

第十五条　专门安全管理机构具体负责本单位的关键信息基础设施安全保护工作,履行下列职责:

(一)建立健全网络安全管理、评价考核制度,拟订关键信息基础设施安全保护计划;

(二)组织推动网络安全防护能力建设,开展网络安全监测、检测和风险评估;

(三)按照国家及行业网络安全事件应急预案,制定本单位应急预案,定期开展应急演练,处置网络安全事件;

(四)认定网络安全关键岗位,组织开展网络安全工作考核,提出奖励和惩处建议;

(五)组织网络安全教育、培训;

(六)履行个人信息和数据安全保护责任,建立健全个人信息和数据安全保护制度;

(七)对关键信息基础设施设计、建设、运行、维护等服务实施安全管理;

(八)按照规定报告网络安全事件和重要事项。

第十六条　运营者应当保障专门安全管理机构的运行经费、配备相应的人员,开展与网络安全和信息化有关的决策应当有专门安全管理机构人员参与。

第十七条　运营者应当自行或者委托网络安全服务机构对关键信息基础设施每年至少进行一次网络安全检测和风险评估,对发现的安全问题及时整改,并按照保护工作部门要求报送情况。

第十八条　关键信息基础设施发生重大网络安全事件或者发现重大网络安全威胁时,运营者应当按照有关规定向保护工作部门、公安机关报告。

发生关键信息基础设施整体中断运行或者主要功能故障、国家基础信息以及其他重要数据泄露、较大规模个人信息泄露、造成较大经济损失、违法信息较大范围传播等特别重大网络安全事件或者发现特别重大网络安全威胁时,保护工作部门应当在收到报告后,及时向国家网信部门、国务院公安部门报告。

第十九条　运营者应当优先采购安全可信的网络产品和服务;采购网络产品和服务可能影响国家安全的,应当按照国家网络安全规定通过安全审查。

第二十条　运营者采购网络产品和服务,应当按照国家有关规定与网络产品和服务提供者签订安全保密协议,明确提供者的技术支持和安全保密义务与责任,并对义务与责任履行情况进行监督。

第二十一条　运营者发生合并、分立、解散等情况,应当及时报告保护工作部门,并按照保护工作部门的要求对关键信息基础设施进行处置,确保安全。

第四章　保障和促进

第二十二条　保护工作部门应当制定本行业、本领域关键信息基础设施安全规划,明确保护目标、基本要求、工作任务、具体措施。

第二十三条　国家网信部门统筹协调有关部门建立网络安全信息共享机制,及时汇总、研判、共享、发布网络安全威胁、漏洞、事件等信息,促进有关部门、保护工作部门、运营者以及网络安全服务机构等之间的网络安全信息共享。

第二十四条　保护工作部门应当建立健全本行业、本领域的关键信息基础设施网络安全监测预警制度,及时掌握本行业、本领域关键信息基础设施运行状况、安全态势,预警通报网络安全威胁和隐患,指导做好安全防范工作。

第二十五条　保护工作部门应当按照国家网络安全事件应急预案的要求,建立健全本行业、本领域的网络安全事件应急预案,定期组织应急演练;指导运营者做好网络安全事件应对处置,并根据需要组织提供技术支持与协助。

第二十六条　保护工作部门应当定期组织开展本行业、本领域关键信息基础设施网络安全检查检测,指导监督运营者及时整改安全隐患、完善安全措施。

第二十七条　国家网信部门统筹协调国务院公安部门、保护工作部门对关键信息基础设施进行网络安全检查检测,提出改进措施。

有关部门在开展关键信息基础设施网络安全检查时,应当加强协同配合、信息沟通,避免不必要的检查和交叉重复检查。检查工作不得收取费用,不得要求被检查单位购买指定品牌或者指定生产、销售单位的产品和服务。

第二十八条　运营者对保护工作部门开展的关键信息基础设施网络安全检查检测工作,以及公安、国家安全、保密行政管理、密码管理等有关部门依法开展的关键信息基础设施网络安全检查工作应当予以配合。

第二十九条　在关键信息基础设施安全保护工作中,国家网信部门和国务院电信主管部门、国务院公安部门等应当根据保护工作部门的需要,及时提供技术支持和协助。

第三十条　网信部门、公安机关、保护工作部门等有关部门,网络安全服务机构及其工作人员对于在关键信息基础设施安全保护工作中获取的信息,只能用于维护网络安全,并严格按照有关法律、行政法规的要求确保信息安全,不得泄露、出售或者非法向他人提供。

第三十一条 未经国家网信部门、国务院公安部门批准或者保护工作部门、运营者授权,任何个人和组织不得对关键信息基础设施实施漏洞探测、渗透性测试等可能影响或者危害关键信息基础设施安全的活动。对基础电信网络实施漏洞探测、渗透性测试等活动,应当事先向国务院电信主管部门报告。

第三十二条 国家采取措施,优先保障能源、电信等关键信息基础设施安全运行。

能源、电信行业应当采取措施,为其他行业和领域的关键信息基础设施安全运行提供重点保障。

第三十三条 公安机关、国家安全机关依据各自职责依法加强关键信息基础设施安全保卫,防范打击针对和利用关键信息基础设施实施的违法犯罪活动。

第三十四条 国家制定和完善关键信息基础设施安全标准,指导、规范关键信息基础设施安全保护工作。

第三十五条 国家采取措施,鼓励网络安全专门人才从事关键信息基础设施安全保护工作;将运营者安全管理人员、安全技术人员培训纳入国家继续教育体系。

第三十六条 国家支持关键信息基础设施安全防护技术创新和产业发展,组织力量实施关键信息基础设施安全技术攻关。

第三十七条 国家加强网络安全服务机构建设和管理,制定管理要求并加强监督指导,不断提升服务机构能力水平,充分发挥其在关键信息基础设施安全保护中的作用。

第三十八条 国家加强网络安全军民融合,军地协同保护关键信息基础设施安全。

第五章 法律责任

第三十九条 运营者有下列情形之一的,由有关主管部门依据职责责令改正,给予警告;拒不改正或者导致危害网络安全等后果的,处 10 万元以上 100 万元以下罚款,对直接负责的主管人员处 1 万元以上 10 万元以下罚款:

(一)在关键信息基础设施发生较大变化,可能影响其认定结果时未及时将相关情况报告保护工作部门的;

(二)安全保护措施未与关键信息基础设施同步规划、同步建设、同步使用的;

（三）未建立健全网络安全保护制度和责任制的；

（四）未设置专门安全管理机构的；

（五）未对专门安全管理机构负责人和关键岗位人员进行安全背景审查的；

（六）开展与网络安全和信息化有关的决策没有专门安全管理机构人员参与的；

（七）专门安全管理机构未履行本条例第十五条规定的职责的；

（八）未对关键信息基础设施每年至少进行一次网络安全检测和风险评估，未对发现的安全问题及时整改，或者未按照保护工作部门要求报送情况的；

（九）采购网络产品和服务，未按照国家有关规定与网络产品和服务提供者签订安全保密协议的；

（十）发生合并、分立、解散等情况，未及时报告保护工作部门，或者未按照保护工作部门的要求对关键信息基础设施进行处置的。

第四十条　运营者在关键信息基础设施发生重大网络安全事件或者发现重大网络安全威胁时，未按照有关规定向保护工作部门、公安机关报告的，由保护工作部门、公安机关依据职责责令改正，给予警告；拒不改正或者导致危害网络安全等后果的，处 10 万元以上 100 万元以下罚款，对直接负责的主管人员处 1 万元以上 10 万元以下罚款。

第四十一条　运营者采购可能影响国家安全的网络产品和服务，未按照国家网络安全规定进行安全审查的，由国家网信部门等有关主管部门依据职责责令改正，处采购金额 1 倍以上 10 倍以下罚款，对直接负责的主管人员和其他直接责任人员处 1 万元以上 10 万元以下罚款。

第四十二条　运营者对保护工作部门开展的关键信息基础设施网络安全检查检测工作，以及公安、国家安全、保密行政管理、密码管理等有关部门依法开展的关键信息基础设施网络安全检查工作不予配合的，由有关主管部门责令改正；拒不改正的，处 5 万元以上 50 万元以下罚款，对直接负责的主管人员和其他直接责任人员处 1 万元以上 10 万元以下罚款；情节严重的，依法追究相应法律责任。

第四十三条　实施非法侵入、干扰、破坏关键信息基础设施，危害其安全的活动尚不构成犯罪的，依照《中华人民共和国网络安全法》有关规定，由公安机关没收违法所得，处 5 日以下拘留，可以并处 5 万元以上 50 万元以下罚款；情节较重的，处 5 日以上 15 日以下拘留，可以并处 10 万元以上 100 万元以下罚款。

单位有前款行为的，由公安机关没收违法所得，处 10 万元以上 100 万元以下罚款，并对直接负责的主管人员和其他直接责任人员依照前款规定处罚。

违反本条例第五条第二款和第三十一条规定，受到治安管理处罚的人员，5

年内不得从事网络安全管理和网络运营关键岗位的工作;受到刑事处罚的人员,终身不得从事网络安全管理和网络运营关键岗位的工作。

第四十四条　网信部门、公安机关、保护工作部门和其他有关部门及其工作人员未履行关键信息基础设施安全保护和监督管理职责或者玩忽职守、滥用职权、徇私舞弊的,依法对直接负责的主管人员和其他直接责任人员给予处分。

第四十五条　公安机关、保护工作部门和其他有关部门在开展关键信息基础设施网络安全检查工作中收取费用,或者要求被检查单位购买指定品牌或者指定生产、销售单位的产品和服务的,由其上级机关责令改正,退还收取的费用;情节严重的,依法对直接负责的主管人员和其他直接责任人员给予处分。

第四十六条　网信部门、公安机关、保护工作部门等有关部门、网络安全服务机构及其工作人员将在关键信息基础设施安全保护工作中获取的信息用于其他用途,或者泄露、出售、非法向他人提供的,依法对直接负责的主管人员和其他直接责任人员给予处分。

第四十七条　关键信息基础设施发生重大和特别重大网络安全事件,经调查确定为责任事故的,除应当查明运营者责任并依法予以追究外,还应查明相关网络安全服务机构及有关部门的责任,对有失职、渎职及其他违法行为的,依法追究责任。

第四十八条　电子政务关键信息基础设施的运营者不履行本条例规定的网络安全保护义务的,依照《中华人民共和国网络安全法》有关规定予以处理。

第四十九条　违反本条例规定,给他人造成损害的,依法承担民事责任。

违反本条例规定,构成违反治安管理行为的,依法给予治安管理处罚;构成犯罪的,依法追究刑事责任。

第六章　附　　则

第五十条　存储、处理涉及国家秘密信息的关键信息基础设施的安全保护,还应当遵守保密法律、行政法规的规定。

关键信息基础设施中的密码使用和管理,还应当遵守相关法律、行政法规的规定。

第五十一条　本条例自 2021 年 9 月 1 日起施行。

互联网上网服务营业场所管理条例

(2002 年 9 月 29 日中华人民共和国国务院令第 363 号公布　根据 2011 年 1 月 8 日《国务院关于废止和修改部分行政法规的决定》第一次修订　根据 2016 年 2 月 6 日《国务院关于修改部分行政法规的决定》第二次修订　根据 2019 年 3 月 24 日《国务院关于修改部分行政法规的决定》第三次修订)

第一章　总　　则

第一条　为了加强对互联网上网服务营业场所的管理,规范经营者的经营行为,维护公众和经营者的合法权益,保障互联网上网服务经营活动健康发展,促进社会主义精神文明建设,制定本条例。

第二条　本条例所称互联网上网服务营业场所,是指通过计算机等装置向公众提供互联网上网服务的网吧、电脑休闲室等营业性场所。

学校、图书馆等单位内部附设的为特定对象获取资料、信息提供上网服务的场所,应当遵守有关法律、法规,不适用本条例。

第三条　互联网上网服务营业场所经营单位应当遵守有关法律、法规的规定,加强行业自律,自觉接受政府有关部门依法实施的监督管理,为上网消费者提供良好的服务。

互联网上网服务营业场所的上网消费者,应当遵守有关法律、法规的规定,遵守社会公德,开展文明、健康的上网活动。

第四条　县级以上人民政府文化行政部门负责互联网上网服务营业场所经营单位的设立审批,并负责对依法设立的互联网上网服务营业场所经营单位经营活动的监督管理;公安机关负责对互联网上网服务营业场所经营单位的信息网络安全、治安及消防安全的监督管理;工商行政管理部门负责对互联网上网服务营业场所经营单位登记注册和营业执照的管理,并依法查处无照经营活动;电信管理等其他有关部门在各自职责范围内,依照本条例和有关法律、行政法规的规定,对互联网上网服务营业场所经营单位分别实施有关监督管理。

第五条　文化行政部门、公安机关、工商行政管理部门和其他有关部门及其工作人员不得从事或者变相从事互联网上网服务经营活动,也不得参与或者变相参与互联网上网服务营业场所经营单位的经营活动。

第六条　国家鼓励公民、法人和其他组织对互联网上网服务营业场所经营单位的经营活动进行监督,并对有突出贡献的给予奖励。

第二章　设　　立

第七条　国家对互联网上网服务营业场所经营单位的经营活动实行许可制度。未经许可,任何组织和个人不得从事互联网上网服务经营活动。

第八条　互联网上网服务营业场所经营单位从事互联网上网服务经营活动,应当具备下列条件:

（一）有企业的名称、住所、组织机构和章程;

（二）有与其经营活动相适应的资金;

（三）有与其经营活动相适应并符合国家规定的消防安全条件的营业场所;

（四）有健全、完善的信息网络安全管理制度和安全技术措施;

（五）有固定的网络地址和与其经营活动相适应的计算机等装置及附属设备;

（六）有与其经营活动相适应并取得从业资格的安全管理人员、经营管理人员、专业技术人员;

（七）法律、行政法规和国务院有关部门规定的其他条件。

互联网上网服务营业场所的最低营业面积、计算机等装置及附属设备数量、单机面积的标准,由国务院文化行政部门规定。

审批从事互联网上网服务经营活动,除依照本条第一款、第二款规定的条件外,还应当符合国务院文化行政部门和省、自治区、直辖市人民政府文化行政部门规定的互联网上网服务营业场所经营单位的总量和布局要求。

第九条　中学、小学校园周围200米范围内和居民住宅楼（院）内不得设立互联网上网服务营业场所。

第十条　互联网上网服务营业场所经营单位申请从事互联网上网服务经营活动,应当向县级以上地方人民政府文化行政部门提出申请,并提交下列文件:

（一）企业营业执照和章程;

（二）法定代表人或者主要负责人的身份证明材料;

（三）资金信用证明；

（四）营业场所产权证明或者租赁意向书；

（五）依法需要提交的其他文件。

第十一条 文化行政部门应当自收到申请之日起 20 个工作日内作出决定；经审查，符合条件的，发给同意筹建的批准文件。

申请人完成筹建后，应当向同级公安机关申请信息网络安全审核。公安机关应当自收到申请之日起 20 个工作日内作出决定；经实地检查并审核合格的，发给批准文件。申请人还应当依照有关消防管理法律法规的规定办理审批手续。

申请人取得信息网络安全和消防安全批准文件后，向文化行政部门申请最终审核。文化行政部门应当自收到申请之日起 15 个工作日内依据本条例第八条的规定作出决定；经实地检查并审核合格的，发给《网络文化经营许可证》。

对申请人的申请，有关部门经审查不符合条件的，或者经审核不合格的，应当分别向申请人书面说明理由。

第十二条 互联网上网服务营业场所经营单位不得涂改、出租、出借或者以其他方式转让《网络文化经营许可证》。

第十三条 互联网上网服务营业场所经营单位变更营业场所地址或者对营业场所进行改建、扩建，变更计算机数量或者其他重要事项的，应当经原审核机关同意。

互联网上网服务营业场所经营单位变更名称、住所、法定代表人或者主要负责人、注册资本、网络地址或者终止经营活动的，应当依法到工商行政管理部门办理变更登记或者注销登记，并到文化行政部门、公安机关办理有关手续或者备案。

第三章 经 营

第十四条 互联网上网服务营业场所经营单位和上网消费者不得利用互联网上网服务营业场所制作、下载、复制、查阅、发布、传播或者以其他方式使用含有下列内容的信息：

（一）反对宪法确定的基本原则的；

（二）危害国家统一、主权和领土完整的；

（三）泄露国家秘密，危害国家安全或者损害国家荣誉和利益的；

（四）煽动民族仇恨、民族歧视，破坏民族团结，或者侵害民族风俗、习惯的；

（五）破坏国家宗教政策，宣扬邪教、迷信的；

（六）散布谣言，扰乱社会秩序，破坏社会稳定的；

（七）宣传淫秽、赌博、暴力或者教唆犯罪的；

（八）侮辱或者诽谤他人，侵害他人合法权益的；

（九）危害社会公德或者民族优秀文化传统的；

（十）含有法律、行政法规禁止的其他内容的。

第十五条　互联网上网服务营业场所经营单位和上网消费者不得进行下列危害信息网络安全的活动：

（一）故意制作或者传播计算机病毒以及其他破坏性程序的；

（二）非法侵入计算机信息系统或者破坏计算机信息系统功能、数据和应用程序的；

（三）进行法律、行政法规禁止的其他活动的。

第十六条　互联网上网服务营业场所经营单位应当通过依法取得经营许可证的互联网接入服务提供者接入互联网，不得采取其他方式接入互联网。

互联网上网服务营业场所经营单位提供上网消费者使用的计算机必须通过局域网的方式接入互联网，不得直接接入互联网。

第十七条　互联网上网服务营业场所经营单位不得经营非网络游戏。

第十八条　互联网上网服务营业场所经营单位和上网消费者不得利用网络游戏或者其他方式进行赌博或者变相赌博活动。

第十九条　互联网上网服务营业场所经营单位应当实施经营管理技术措施，建立场内巡查制度，发现上网消费者有本条例第十四条、第十五条、第十八条所列行为或者有其他违法行为的，应当立即予以制止并向文化行政部门、公安机关举报。

第二十条　互联网上网服务营业场所经营单位应当在营业场所的显著位置悬挂《网络文化经营许可证》和营业执照。

第二十一条　互联网上网服务营业场所经营单位不得接纳未成年人进入营业场所。

互联网上网服务营业场所经营单位应当在营业场所入口处的显著位置悬挂未成年人禁入标志。

第二十二条　互联网上网服务营业场所每日营业时间限于 8 时至 24 时。

第二十三条　互联网上网服务营业场所经营单位应当对上网消费者的身份证等有效证件进行核对、登记，并记录有关上网信息。登记内容和记录备份保存时间不得少于 60 日，并在文化行政部门、公安机关依法查询时予以提供。登记内容和记录备份在保存期内不得修改或者删除。

第二十四条　互联网上网服务营业场所经营单位应当依法履行信息网络安全、治安和消防安全职责，并遵守下列规定：

（一）禁止明火照明和吸烟并悬挂禁止吸烟标志；

（二）禁止带入和存放易燃、易爆物品；

（三）不得安装固定的封闭门窗栅栏；

（四）营业期间禁止封堵或者锁闭门窗、安全疏散通道和安全出口；

（五）不得擅自停止实施安全技术措施。

第四章　罚　　则

第二十五条　文化行政部门、公安机关、工商行政管理部门或者其他有关部门及其工作人员，利用职务上的便利收受他人财物或者其他好处，违法批准不符合法定设立条件的互联网上网服务营业场所经营单位，或者不依法履行监督职责，或者发现违法行为不予依法查处，触犯刑律的，对直接负责的主管人员和其他直接责任人员依照刑法关于受贿罪、滥用职权罪、玩忽职守罪或者其他罪的规定，依法追究刑事责任；尚不够刑事处罚的，依法给予降级、撤职或者开除的行政处分。

第二十六条　文化行政部门、公安机关、工商行政管理部门或者其他有关部门的工作人员，从事或者变相从事互联网上网服务经营活动的，参与或者变相参与互联网上网服务营业场所经营单位的经营活动的，依法给予降级、撤职或者开除的行政处分。

文化行政部门、公安机关、工商行政管理部门或者其他有关部门有前款所列行为的，对直接负责的主管人员和其他直接责任人员依照前款规定依法给予行政处分。

第二十七条　违反本条例的规定，擅自从事互联网上网服务经营活动的，由文化行政部门或者由文化行政部门会同公安机关依法予以取缔，查封其从事违法经营活动的场所，扣押从事违法经营活动的专用工具、设备；触犯刑律的，依照刑法关于非法经营罪的规定，依法追究刑事责任；尚不够刑事处罚的，由文化行政部门没收违法所得及其从事违法经营活动的专用工具、设备；违法经营额1万元以上的，并处违法经营额5倍以上10倍以下的罚款；违法经营额不足1万元的，并处1万元以上5万元以下的罚款。

第二十八条　文化行政部门应当建立互联网上网服务营业场所经营单位的经营活动信用监管制度，建立健全信用约束机制，并及时公布行政处罚信息。

第二十九条　互联网上网服务营业场所经营单位违反本条例的规定,涂改、出租、出借或者以其他方式转让《网络文化经营许可证》,触犯刑律的,依照刑法关于伪造、变造、买卖国家机关公文、证件、印章罪的规定,依法追究刑事责任;尚不够刑事处罚的,由文化行政部门吊销《网络文化经营许可证》,没收违法所得;违法经营额 5000 元以上的,并处违法经营额 2 倍以上 5 倍以下的罚款;违法经营额不足 5000 元的,并处 5000 元以上 1 万元以下的罚款。

第三十条　互联网上网服务营业场所经营单位违反本条例的规定,利用营业场所制作、下载、复制、查阅、发布、传播或者以其他方式使用含有本条例第十四条规定禁止含有的内容的信息,触犯刑律的,依法追究刑事责任;尚不够刑事处罚的,由公安机关给予警告,没收违法所得;违法经营额 1 万元以上的,并处违法经营额 2 倍以上 5 倍以下的罚款;违法经营额不足 1 万元的,并处 1 万元以上 2 万元以下的罚款;情节严重的,责令停业整顿,直至由文化行政部门吊销《网络文化经营许可证》。

上网消费者有前款违法行为,触犯刑律的,依法追究刑事责任;尚不够刑事处罚的,由公安机关依照治安管理处罚法的规定给予处罚。

第三十一条　互联网上网服务营业场所经营单位违反本条例的规定,有下列行为之一的,由文化行政部门给予警告,可以并处 15000 元以下的罚款;情节严重的,责令停业整顿,直至吊销《网络文化经营许可证》:

(一)在规定的营业时间以外营业的;

(二)接纳未成年人进入营业场所的;

(三)经营非网络游戏的;

(四)擅自停止实施经营管理技术措施的;

(五)未悬挂《网络文化经营许可证》或者未成年人禁入标志的。

第三十二条　互联网上网服务营业场所经营单位违反本条例的规定,有下列行为之一的,由文化行政部门、公安机关依据各自职权给予警告,可以并处 15000 元以下的罚款;情节严重的,责令停业整顿,直至由文化行政部门吊销《网络文化经营许可证》:

(一)向上网消费者提供的计算机未通过局域网的方式接入互联网的;

(二)未建立场内巡查制度,或者发现上网消费者的违法行为未予制止并向文化行政部门、公安机关举报的;

(三)未按规定核对、登记上网消费者的有效身份证件或者记录有关上网信息的;

(四)未按规定时间保存登记内容、记录备份,或者在保存期内修改、删除登记内容、记录备份的;

（五）变更名称、住所、法定代表人或者主要负责人、注册资本、网络地址或者终止经营活动,未向文化行政部门、公安机关办理有关手续或者备案的。

第三十三条　互联网上网服务营业场所经营单位违反本条例的规定,有下列行为之一的,由公安机关给予警告,可以并处 15000 元以下的罚款;情节严重的,责令停业整顿,直至由文化行政部门吊销《网络文化经营许可证》:

（一）利用明火照明或者发现吸烟不予制止,或者未悬挂禁止吸烟标志的;

（二）允许带入或者存放易燃、易爆物品的;

（三）在营业场所安装固定的封闭门窗栅栏的;

（四）营业期间封堵或者锁闭门窗、安全疏散通道或者安全出口的;

（五）擅自停止实施安全技术措施的。

第三十四条　违反国家有关信息网络安全、治安管理、消防管理、工商行政管理、电信管理等规定,触犯刑律的,依法追究刑事责任;尚不够刑事处罚的,由公安机关、工商行政管理部门、电信管理机构依法给予处罚;情节严重的,由原发证机关吊销许可证件。

第三十五条　互联网上网服务营业场所经营单位违反本条例的规定,被吊销《网络文化经营许可证》的,自被吊销《网络文化经营许可证》之日起 5 年内,其法定代表人或者主要负责人不得担任互联网上网服务营业场所经营单位的法定代表人或者主要负责人。

擅自设立的互联网上网服务营业场所经营单位被依法取缔的,自被取缔之日起 5 年内,其主要负责人不得担任互联网上网服务营业场所经营单位的法定代表人或者主要负责人。

第三十六条　依照本条例的规定实施罚款的行政处罚,应当依照有关法律、行政法规的规定,实行罚款决定与罚款收缴分离;收缴的罚款和违法所得必须全部上缴国库。

第五章　附　　则

第三十七条　本条例自 2002 年 11 月 15 日起施行。2001 年 4 月 3 日信息产业部、公安部、文化部、国家工商行政管理局发布的《互联网上网服务营业场所管理办法》同时废止。

征信业管理条例

(2012 年 12 月 26 日国务院第 228 次常务会议通过　2013 年 1 月 21 日中华人民共和国国务院令第 631 号公布　自 2013 年 3 月 15 日起施行)

第一章　总　　则

第一条　为了规范征信活动,保护当事人合法权益,引导、促进征信业健康发展,推进社会信用体系建设,制定本条例。

第二条　在中国境内从事征信业务及相关活动,适用本条例。

本条例所称征信业务,是指对企业、事业单位等组织(以下统称企业)的信用信息和个人的信用信息进行采集、整理、保存、加工,并向信息使用者提供的活动。

国家设立的金融信用信息基础数据库进行信息的采集、整理、保存、加工和提供,适用本条例第五章规定。

国家机关以及法律、法规授权的具有管理公共事务职能的组织依照法律、行政法规和国务院的规定,为履行职责进行的企业和个人信息的采集、整理、保存、加工和公布,不适用本条例。

第三条　从事征信业务及相关活动,应当遵守法律法规,诚实守信,不得危害国家秘密,不得侵犯商业秘密和个人隐私。

第四条　中国人民银行(以下称国务院征信业监督管理部门)及其派出机构依法对征信业进行监督管理。

县级以上地方人民政府和国务院有关部门依法推进本地区、本行业的社会信用体系建设,培育征信市场,推动征信业发展。

第二章　征信机构

第五条　本条例所称征信机构,是指依法设立,主要经营征信业务的机构。

第六条　设立经营个人征信业务的征信机构,应当符合《中华人民共和国公司法》规定的公司设立条件和下列条件,并经国务院征信业监督管理部门批准:

(一)主要股东信誉良好,最近3年无重大违法违规记录;

(二)注册资本不少于人民币5000万元;

(三)有符合国务院征信业监督管理部门规定的保障信息安全的设施、设备和制度、措施;

(四)拟任董事、监事和高级管理人员符合本条例第八条规定的任职条件;

(五)国务院征信业监督管理部门规定的其他审慎性条件。

第七条　申请设立经营个人征信业务的征信机构,应当向国务院征信业监督管理部门提交申请书和证明其符合本条例第六条规定条件的材料。

国务院征信业监督管理部门应当依法进行审查,自受理申请之日起60日内作出批准或者不予批准的决定。决定批准的,颁发个人征信业务经营许可证;不予批准的,应当书面说明理由。

经批准设立的经营个人征信业务的征信机构,凭个人征信业务经营许可证向公司登记机关办理登记。

未经国务院征信业监督管理部门批准,任何单位和个人不得经营个人征信业务。

第八条　经营个人征信业务的征信机构的董事、监事和高级管理人员,应当熟悉与征信业务相关的法律法规,具有履行职责所需的征信业从业经验和管理能力,最近3年无重大违法违规记录,并取得国务院征信业监督管理部门核准的任职资格。

第九条　经营个人征信业务的征信机构设立分支机构、合并或者分立、变更注册资本、变更出资额占公司资本总额5%以上或者持股占公司股份5%以上的股东的,应当经国务院征信业监督管理部门批准。

经营个人征信业务的征信机构变更名称的,应当向国务院征信业监督管理部门办理备案。

第十条　设立经营企业征信业务的征信机构,应当符合《中华人民共和国公司法》规定的设立条件,并自公司登记机关准予登记之日起30日内向所在地的国务院征信业监督管理部门派出机构办理备案,并提供下列材料:

(一)营业执照;

(二)股权结构、组织机构说明;

(三)业务范围、业务规则、业务系统的基本情况;

(四)信息安全和风险防范措施。

备案事项发生变更的,应当自变更之日起 30 日内向原备案机构办理变更备案。

第十一条　征信机构应当按照国务院征信业监督管理部门的规定,报告上一年度开展征信业务的情况。

国务院征信业监督管理部门应当向社会公告经营个人征信业务和企业征信业务的征信机构名单,并及时更新。

第十二条　征信机构解散或者被依法宣告破产的,应当向国务院征信业监督管理部门报告,并按照下列方式处理信息数据库:

(一)与其他征信机构约定并经国务院征信业监督管理部门同意,转让给其他征信机构;

(二)不能依照前项规定转让的,移交给国务院征信业监督管理部门指定的征信机构;

(三)不能依照前两项规定转让、移交的,在国务院征信业监督管理部门的监督下销毁。

经营个人征信业务的征信机构解散或者被依法宣告破产的,还应当在国务院征信业监督管理部门指定的媒体上公告,并将个人征信业务经营许可证交国务院征信业监督管理部门注销。

第三章　征信业务规则

第十三条　采集个人信息应当经信息主体本人同意,未经本人同意不得采集。但是,依照法律、行政法规规定公开的信息除外。

企业的董事、监事、高级管理人员与其履行职务相关的信息,不作为个人信息。

第十四条　禁止征信机构采集个人的宗教信仰、基因、指纹、血型、疾病和病史信息以及法律、行政法规规定禁止采集的其他个人信息。

征信机构不得采集个人的收入、存款、有价证券、商业保险、不动产的信息和纳税数额信息。但是,征信机构明确告知信息主体提供该信息可能产生的不利后果,并取得其书面同意的除外。

第十五条　信息提供者向征信机构提供个人不良信息,应当事先告知信息主体本人。但是,依照法律、行政法规规定公开的不良信息除外。

第十六条　征信机构对个人不良信息的保存期限,自不良行为或者事件终止之日起为 5 年;超过 5 年的,应当予以删除。

在不良信息保存期限内,信息主体可以对不良信息作出说明,征信机构应当予以记载。

第十七条 信息主体可以向征信机构查询自身信息。个人信息主体有权每年两次免费获取本人的信用报告。

第十八条 向征信机构查询个人信息的,应当取得信息主体本人的书面同意并约定用途。但是,法律规定可以不经同意查询的除外。

征信机构不得违反前款规定提供个人信息。

第十九条 征信机构或者信息提供者、信息使用者采用格式合同条款取得个人信息主体同意的,应当在合同中作出足以引起信息主体注意的提示,并按照信息主体的要求作出明确说明。

第二十条 信息使用者应当按照与个人信息主体约定的用途使用个人信息,不得用作约定以外的用途,不得未经个人信息主体同意向第三方提供。

第二十一条 征信机构可以通过信息主体、企业交易对方、行业协会提供信息,政府有关部门依法已公开的信息,人民法院依法公布的判决、裁定等渠道,采集企业信息。

征信机构不得采集法律、行政法规禁止采集的企业信息。

第二十二条 征信机构应当按照国务院征信业监督管理部门的规定,建立健全和严格执行保障信息安全的规章制度,并采取有效技术措施保障信息安全。

经营个人征信业务的征信机构应当对其工作人员查询个人信息的权限和程序作出明确规定,对工作人员查询个人信息的情况进行登记,如实记载查询工作人员的姓名,查询的时间、内容及用途。工作人员不得违反规定的权限和程序查询信息,不得泄露工作中获取的信息。

第二十三条 征信机构应当采取合理措施,保障其提供信息的准确性。

征信机构提供的信息供信息使用者参考。

第二十四条 征信机构在中国境内采集的信息的整理、保存和加工,应当在中国境内进行。

征信机构向境外组织或者个人提供信息,应当遵守法律、行政法规和国务院征信业监督管理部门的有关规定。

第四章 异议和投诉

第二十五条 信息主体认为征信机构采集、保存、提供的信息存在错误、遗漏的,有权向征信机构或者信息提供者提出异议,要求更正。

征信机构或者信息提供者收到异议,应当按照国务院征信业监督管理部门的规定对相关信息作出存在异议的标注,自收到异议之日起 20 日内进行核查和处理,并将结果书面答复异议人。

经核查,确认相关信息确有错误、遗漏的,信息提供者、征信机构应当予以更正;确认不存在错误、遗漏的,应当取消异议标注;经核查仍不能确认的,对核查情况和异议内容应当予以记载。

第二十六条　信息主体认为征信机构或者信息提供者、信息使用者侵害其合法权益的,可以向所在地的国务院征信业监督管理部门派出机构投诉。

受理投诉的机构应当及时进行核查和处理,自受理之日起 30 日内书面答复投诉人。

信息主体认为征信机构或者信息提供者、信息使用者侵害其合法权益的,可以直接向人民法院起诉。

第五章　金融信用信息基础数据库

第二十七条　国家设立金融信用信息基础数据库,为防范金融风险、促进金融业发展提供相关信息服务。

金融信用信息基础数据库由专业运行机构建设、运行和维护。该运行机构不以营利为目的,由国务院征信业监督管理部门监督管理。

第二十八条　金融信用信息基础数据库接收从事信贷业务的机构按照规定提供的信贷信息。

金融信用信息基础数据库为信息主体和取得信息主体本人书面同意的信息使用者提供查询服务。国家机关可以依法查询金融信用信息基础数据库的信息。

第二十九条　从事信贷业务的机构应当按照规定向金融信用信息基础数据库提供信贷信息。

从事信贷业务的机构向金融信用信息基础数据库或者其他主体提供信贷信息,应当事先取得信息主体的书面同意,并适用本条例关于信息提供者的规定。

第三十条　不从事信贷业务的金融机构向金融信用信息基础数据库提供、查询信用信息以及金融信用信息基础数据库接收其提供的信用信息的具体办法,由国务院征信业监督管理部门会同国务院有关金融监督管理机构依法制定。

第三十一条　金融信用信息基础数据库运行机构可以按照补偿成本原则收取查询服务费用,收费标准由国务院价格主管部门规定。

第三十二条　本条例第十四条、第十六条、第十七条、第十八条、第二十二条、第二十三条、第二十四条、第二十五条、第二十六条适用于金融信用信息基础数据库运行机构。

第六章　监督管理

第三十三条　国务院征信业监督管理部门及其派出机构依照法律、行政法规和国务院的规定,履行对征信业和金融信用信息基础数据库运行机构的监督管理职责,可以采取下列监督检查措施:

(一)进入征信机构、金融信用信息基础数据库运行机构进行现场检查,对向金融信用信息基础数据库提供或者查询信息的机构遵守本条例有关规定的情况进行检查;

(二)询问当事人和与被调查事件有关的单位和个人,要求其对与被调查事件有关的事项作出说明;

(三)查阅、复制与被调查事件有关的文件、资料,对可能被转移、销毁、隐匿或者篡改的文件、资料予以封存;

(四)检查相关信息系统。

进行现场检查或者调查的人员不得少于 2 人,并应当出示合法证件和检查、调查通知书。

被检查、调查的单位和个人应当配合,如实提供有关文件、资料,不得隐瞒、拒绝和阻碍。

第三十四条　经营个人征信业务的征信机构、金融信用信息基础数据库、向金融信用信息基础数据库提供或者查询信息的机构发生重大信息泄露等事件的,国务院征信业监督管理部门可以采取临时接管相关信息系统等必要措施,避免损害扩大。

第三十五条　国务院征信业监督管理部门及其派出机构的工作人员对在工作中知悉的国家秘密和信息主体的信息,应当依法保密。

第七章　法律责任

第三十六条　未经国务院征信业监督管理部门批准,擅自设立经营个人征信业务的征信机构或者从事个人征信业务活动的,由国务院征信业监督管理部门予以取缔,没收违法所得,并处 5 万元以上 50 万元以下的罚款;构成犯罪的,依法追究刑事责任。

第三十七条　经营个人征信业务的征信机构违反本条例第九条规定的,由国务院征信业监督管理部门责令限期改正,对单位处 2 万元以上 20 万元以下的罚款;对直接负责的主管人员和其他直接责任人员给予警告,处 1 万元以下的罚款。

经营企业征信业务的征信机构未按照本条例第十条规定办理备案的,由其所在地的国务院征信业监督管理部门派出机构责令限期改正;逾期不改正的,依照前款规定处罚。

第三十八条　征信机构、金融信用信息基础数据库运行机构违反本条例规定,有下列行为之一的,由国务院征信业监督管理部门或者其派出机构责令限期改正,对单位处 5 万元以上 50 万元以下的罚款;对直接负责的主管人员和其他直接责任人员处 1 万元以上 10 万元以下的罚款;有违法所得的,没收违法所得。给信息主体造成损失的,依法承担民事责任;构成犯罪的,依法追究刑事责任:

(一)窃取或者以其他方式非法获取信息;

(二)采集禁止采集的个人信息或者未经同意采集个人信息;

(三)违法提供或者出售信息;

(四)因过失泄露信息;

(五)逾期不删除个人不良信息;

(六)未按照规定对异议信息进行核查和处理;

(七)拒绝、阻碍国务院征信业监督管理部门或者其派出机构检查、调查或者不如实提供有关文件、资料;

(八)违反征信业务规则,侵害信息主体合法权益的其他行为。

经营个人征信业务的征信机构有前款所列行为之一,情节严重或者造成严重后果的,由国务院征信业监督管理部门吊销其个人征信业务经营许可证。

第三十九条　征信机构违反本条例规定,未按照规定报告其上一年度开展征信业务情况的,由国务院征信业监督管理部门或者其派出机构责令限期改正;逾期不改正的,对单位处 2 万元以上 10 万元以下的罚款;对直接负责的主管人员和其他直接责任人员给予警告,处 1 万元以下的罚款。

第四十条　向金融信用信息基础数据库提供或者查询信息的机构违反本条例规定,有下列行为之一的,由国务院征信业监督管理部门或者其派出机构责令限期改正,对单位处 5 万元以上 50 万元以下的罚款;对直接负责的主管人员和其他直接责任人员处 1 万元以上 10 万元以下的罚款;有违法所得的,没收违法所得。给信息主体造成损失的,依法承担民事责任;构成犯罪的,依法追究刑事责任:

（一）违法提供或者出售信息;

（二）因过失泄露信息;

（三）未经同意查询个人信息或者企业的信贷信息;

（四）未按照规定处理异议或者对确有错误、遗漏的信息不予更正;

（五）拒绝、阻碍国务院征信业监督管理部门或者其派出机构检查、调查或者不如实提供有关文件、资料。

第四十一条 信息提供者违反本条例规定,向征信机构、金融信用信息基础数据库提供非依法公开的个人不良信息,未事先告知信息主体本人,情节严重或者造成严重后果的,由国务院征信业监督管理部门或者其派出机构对单位处 2 万元以上 20 万元以下的罚款;对个人处 1 万元以上 5 万元以下的罚款。

第四十二条 信息使用者违反本条例规定,未按照与个人信息主体约定的用途使用个人信息或者未经个人信息主体同意向第三方提供个人信息,情节严重或者造成严重后果的,由国务院征信业监督管理部门或者其派出机构对单位处 2 万元以上 20 万元以下的罚款;对个人处 1 万元以上 5 万元以下的罚款;有违法所得的,没收违法所得。给信息主体造成损失的,依法承担民事责任;构成犯罪的,依法追究刑事责任。

第四十三条 国务院征信业监督管理部门及其派出机构的工作人员滥用职权、玩忽职守、徇私舞弊,不依法履行监督管理职责,或者泄露国家秘密、信息主体信息的,依法给予处分。给信息主体造成损失的,依法承担民事责任;构成犯罪的,依法追究刑事责任。

第八章 附　　则

第四十四条 本条例下列用语的含义:

（一）信息提供者,是指向征信机构提供信息的单位和个人,以及向金融信用信息基础数据库提供信息的单位。

（二）信息使用者,是指从征信机构和金融信用信息基础数据库获取信息的单位和个人。

（三）不良信息,是指对信息主体信用状况构成负面影响的下列信息:信息主体在借贷、赊购、担保、租赁、保险、使用信用卡等活动中未按照合同履行义务的信息,对信息主体的行政处罚信息,人民法院判决或者裁定信息主体履行义务以及强制执行的信息,以及国务院征信业监督管理部门规定的其他不良信息。

第四十五条 外商投资征信机构的设立条件,由国务院征信业监督管理部门会同国务院有关部门制定,报国务院批准。

境外征信机构在境内经营征信业务,应当经国务院征信业监督管理部门批准。

第四十六条 本条例施行前已经经营个人征信业务的机构,应当自本条例施行之日起 6 个月内,依照本条例的规定申请个人征信业务经营许可证。

本条例施行前已经经营企业征信业务的机构,应当自本条例施行之日起 3 个月内,依照本条例的规定办理备案。

第四十七条 本条例自 2013 年 3 月 15 日起施行。

互联网信息服务管理办法

（2000 年 9 月 25 日中华人民共和国国务院令第 292 号公布　根据 2011 年 1 月 8 日《国务院关于废止和修改部分行政法规的决定》修订）

第一条　为了规范互联网信息服务活动，促进互联网信息服务健康有序发展，制定本办法。

第二条　在中华人民共和国境内从事互联网信息服务活动，必须遵守本办法。

本办法所称互联网信息服务，是指通过互联网向上网用户提供信息的服务活动。

第三条　互联网信息服务分为经营性和非经营性两类。

经营性互联网信息服务，是指通过互联网向上网用户有偿提供信息或者网页制作等服务活动。

非经营性互联网信息服务，是指通过互联网向上网用户无偿提供具有公开性、共享性信息的服务活动。

第四条　国家对经营性互联网信息服务实行许可制度；对非经营性互联网信息服务实行备案制度。

未取得许可或者未履行备案手续的，不得从事互联网信息服务。

第五条　从事新闻、出版、教育、医疗保健、药品和医疗器械等互联网信息服务，依照法律、行政法规以及国家有关规定须经有关主管部门审核同意的，在申请经营许可或者履行备案手续前，应当依法经有关主管部门审核同意。

第六条　从事经营性互联网信息服务，除应当符合《中华人民共和国电信条例》规定的要求外，还应当具备下列条件：

（一）有业务发展计划及相关技术方案；

（二）有健全的网络与信息安全保障措施，包括网站安全保障措施、信息安全保密管理制度、用户信息安全管理制度；

（三）服务项目属于本办法第五条规定范围的，已取得有关主管部门同意的文件。

第七条　从事经营性互联网信息服务,应当向省、自治区、直辖市电信管理机构或者国务院信息产业主管部门申请办理互联网信息服务增值电信业务经营许可证(以下简称经营许可证)。

省、自治区、直辖市电信管理机构或者国务院信息产业主管部门应当自收到申请之日起60日内审查完毕,作出批准或者不予批准的决定。予以批准的,颁发经营许可证;不予批准的,应当书面通知申请人并说明理由。

申请人取得经营许可证后,应当持经营许可证向企业登记机关办理登记手续。

第八条　从事非经营性互联网信息服务,应当向省、自治区、直辖市电信管理机构或者国务院信息产业主管部门办理备案手续。办理备案时,应当提交下列材料:

(一)主办单位和网站负责人的基本情况;

(二)网站网址和服务项目;

(三)服务项目属于本办法第五条规定范围的,已取得有关主管部门的同意文件。

省、自治区、直辖市电信管理机构对备案材料齐全的,应当予以备案并编号。

第九条　从事互联网信息服务,拟开办电子公告服务的,应当在申请经营性互联网信息服务许可或者办理非经营性互联网信息服务备案时,按照国家有关规定提出专项申请或者专项备案。

第十条　省、自治区、直辖市电信管理机构和国务院信息产业主管部门应当公布取得经营许可证或者已履行备案手续的互联网信息服务提供者名单。

第十一条　互联网信息服务提供者应当按照经许可或者备案的项目提供服务,不得超出经许可或者备案的项目提供服务。

非经营性互联网信息服务提供者不得从事有偿服务。

互联网信息服务提供者变更服务项目、网站网址等事项的,应当提前30日向原审核、发证或者备案机关办理变更手续。

第十二条　互联网信息服务提供者应当在其网站主页的显著位置标明其经营许可证编号或者备案编号。

第十三条　互联网信息服务提供者应当向上网用户提供良好的服务,并保证所提供的信息内容合法。

第十四条　从事新闻、出版以及电子公告等服务项目的互联网信息服务提供者,应当记录提供的信息内容及其发布时间、互联网地址或者域名;互联网接入服务提供者应当记录上网用户的上网时间、用户账号、互联网地址或者域名、主叫电话号码等信息。

互联网信息服务提供者和互联网接入服务提供者的记录备份应当保存 60 日,并在国家有关机关依法查询时,予以提供。

第十五条 互联网信息服务提供者不得制作、复制、发布、传播含有下列内容的信息:

(一)反对宪法所确定的基本原则的;

(二)危害国家安全,泄露国家秘密,颠覆国家政权,破坏国家统一的;

(三)损害国家荣誉和利益的;

(四)煽动民族仇恨、民族歧视,破坏民族团结的;

(五)破坏国家宗教政策,宣扬邪教和封建迷信的;

(六)散布谣言,扰乱社会秩序,破坏社会稳定的;

(七)散布淫秽、色情、赌博、暴力、凶杀、恐怖或者教唆犯罪的;

(八)侮辱或者诽谤他人,侵害他人合法权益的;

(九)含有法律、行政法规禁止的其他内容的。

第十六条 互联网信息服务提供者发现其网站传输的信息明显属于本办法第十五条所列内容之一的,应当立即停止传输,保存有关记录,并向国家有关机关报告。

第十七条 经营性互联网信息服务提供者申请在境内境外上市或者同外商合资、合作,应当事先经国务院信息产业主管部门审查同意;其中,外商投资的比例应当符合有关法律、行政法规的规定。

第十八条 国务院信息产业主管部门和省、自治区、直辖市电信管理机构,依法对互联网信息服务实施监督管理。

新闻、出版、教育、卫生、药品监督管理、工商行政管理和公安、国家安全等有关主管部门,在各自职责范围内依法对互联网信息内容实施监督管理。

第十九条 违反本办法的规定,未取得经营许可证,擅自从事经营性互联网信息服务,或者超出许可的项目提供服务的,由省、自治区、直辖市电信管理机构责令限期改正,有违法所得的,没收违法所得,处违法所得 3 倍以上 5 倍以下的罚款;没有违法所得或者违法所得不足 5 万元的,处 10 万元以上 100 万元以下的罚款;情节严重的,责令关闭网站。

违反本办法的规定,未履行备案手续,擅自从事非经营性互联网信息服务,或者超出备案的项目提供服务的,由省、自治区、直辖市电信管理机构责令限期改正;拒不改正的,责令关闭网站。

第二十条 制作、复制、发布、传播本办法第十五条所列内容之一的信息,构成犯罪的,依法追究刑事责任;尚不构成犯罪的,由公安机关、国家安全机关依照《中华人民共和国治安管理处罚法》《计算机信息网络国际联网安全保护管理办法》等有关法律、行政法规的规定予以处罚;对经营性互联网信息服务提供者,并由发证机关责令停业整顿直至吊销经营许可证,通知企业登记机关;对非经营性互联网信息服务提供者,并由备案机关责令暂时关闭网站直至关闭网站。

第二十一条　未履行本办法第十四条规定的义务的,由省、自治区、直辖市电信管理机构责令改正;情节严重的,责令停业整顿或者暂时关闭网站。

第二十二条　违反本办法的规定,未在其网站主页上标明其经营许可证编号或者备案编号的,由省、自治区、直辖市电信管理机构责令改正,处 5000 元以上 5 万元以下的罚款。

第二十三条　违反本办法第十六条规定的义务的,由省、自治区、直辖市电信管理机构责令改正;情节严重的,对经营性互联网信息服务提供者,并由发证机关吊销经营许可证,对非经营性互联网信息服务提供者,并由备案机关责令关闭网站。

第二十四条　互联网信息服务提供者在其业务活动中,违反其他法律、法规的,由新闻、出版、教育、卫生、药品监督管理和工商行政管理等有关主管部门依照有关法律、法规的规定处罚。

第二十五条　电信管理机构和其他有关主管部门及其工作人员,玩忽职守、滥用职权、徇私舞弊,疏于对互联网信息服务的监督管理,造成严重后果,构成犯罪的,依法追究刑事责任;尚不构成犯罪的,对直接负责的主管人员和其他直接责任人员依法给予降级、撤职直至开除的行政处分。

第二十六条　在本办法公布前从事互联网信息服务的,应当自本办法公布之日起 60 日内依照本办法的有关规定补办有关手续。

第二十七条　本办法自公布之日起施行。

中华人民共和国计算机信息系统安全保护条例

(1994 年 2 月 18 日中华人民共和国国务院令第 147 号发布　根据 2011 年 1 月 8 日《国务院关于废止和修改部分行政法规的决定》修订)

第一章　总　　则

第一条　为了保护计算机信息系统的安全,促进计算机的应用和发展,保障社会主义现代化建设的顺利进行,制定本条例。

第二条　本条例所称的计算机信息系统,是指由计算机及其相关的和配套的设备、设施(含网络)构成的,按照一定的应用目标和规则对信息进行采集、加工、存储、传输、检索等处理的人机系统。

第三条　计算机信息系统的安全保护,应当保障计算机及其相关的和配套的设备、设施(含网络)的安全,运行环境的安全,保障信息的安全,保障计算机功能的正常发挥,以维护计算机信息系统的安全运行。

第四条　计算机信息系统的安全保护工作,重点维护国家事务、经济建设、国防建设、尖端科学技术等重要领域的计算机信息系统的安全。

第五条　中华人民共和国境内的计算机信息系统的安全保护,适用本条例。

未联网的微型计算机的安全保护办法,另行制定。

第六条　公安部主管全国计算机信息系统安全保护工作。

国家安全部、国家保密局和国务院其他有关部门,在国务院规定的职责范围内做好计算机信息系统安全保护的有关工作。

第七条　任何组织或者个人,不得利用计算机信息系统从事危害国家利益、集体利益和公民合法利益的活动,不得危害计算机信息系统的安全。

第二章 安全保护制度

第八条 计算机信息系统的建设和应用,应当遵守法律、行政法规和国家其他有关规定。

第九条 计算机信息系统实行安全等级保护。安全等级的划分标准和安全等级保护的具体办法,由公安部会同有关部门制定。

第十条 计算机机房应当符合国家标准和国家有关规定。

在计算机机房附近施工,不得危害计算机信息系统的安全。

第十一条 进行国际联网的计算机信息系统,由计算机信息系统的使用单位报省级以上人民政府公安机关备案。

第十二条 运输、携带、邮寄计算机信息媒体进出境的,应当如实向海关申报。

第十三条 计算机信息系统的使用单位应当建立健全安全管理制度,负责本单位计算机信息系统的安全保护工作。

第十四条 对计算机信息系统中发生的案件,有关使用单位应当在 24 小时内向当地县级以上人民政府公安机关报告。

第十五条 对计算机病毒和危害社会公共安全的其他有害数据的防治研究工作,由公安部归口管理。

第十六条 国家对计算机信息系统安全专用产品的销售实行许可证制度。具体办法由公安部会同有关部门制定。

第三章 安全监督

第十七条 公安机关对计算机信息系统安全保护工作行使下列监督职权:

(一)监督、检查、指导计算机信息系统安全保护工作;

(二)查处危害计算机信息系统安全的违法犯罪案件;

(三)履行计算机信息系统安全保护工作的其他监督职责。

第十八条 公安机关发现影响计算机信息系统安全的隐患时,应当及时通知使用单位采取安全保护措施。

第十九条 公安部在紧急情况下,可以就涉及计算机信息系统安全的特定事项发布专项通令。

第四章　法律责任

第二十条　违反本条例的规定，有下列行为之一的，由公安机关处以警告或者停机整顿：

（一）违反计算机信息系统安全等级保护制度，危害计算机信息系统安全的；

（二）违反计算机信息系统国际联网备案制度的；

（三）不按照规定时间报告计算机信息系统中发生的案件的；

（四）接到公安机关要求改进安全状况的通知后，在限期内拒不改进的；

（五）有危害计算机信息系统安全的其他行为的。

第二十一条　计算机机房不符合国家标准和国家其他有关规定的，或者在计算机机房附近施工危害计算机信息系统安全的，由公安机关会同有关单位进行处理。

第二十二条　运输、携带、邮寄计算机信息媒体进出境，不如实向海关申报的，由海关依照《中华人民共和国海关法》和本条例以及其他有关法律、法规的规定处理。

第二十三条　故意输入计算机病毒以及其他有害数据危害计算机信息系统安全的，或者未经许可出售计算机信息系统安全专用产品的，由公安机关处以警告或者对个人处以 5000 元以下的罚款、对单位处以 1.5 万元以下的罚款；有违法所得的，除予以没收外，可以处以违法所得 1 至 3 倍的罚款。

第二十四条　违反本条例的规定，构成违反治安管理行为的，依照《中华人民共和国治安管理处罚法》的有关规定处罚；构成犯罪的，依法追究刑事责任。

第二十五条　任何组织或者个人违反本条例的规定，给国家、集体或者他人财产造成损失的，应当依法承担民事责任。

第二十六条　当事人对公安机关依照本条例所作出的具体行政行为不服的，可以依法申请行政复议或者提起行政诉讼。

第二十七条　执行本条例的国家公务员利用职权，索取、收受贿赂或者有其他违法、失职行为，构成犯罪的，依法追究刑事责任；尚不构成犯罪的，给予行政处分。

第五章　附　　则

第二十八条　本条例下列用语的含义：

计算机病毒,是指编制或者在计算机程序中插入的破坏计算机功能或者毁坏数据,影响计算机使用,并能自我复制的一组计算机指令或者程序代码。

计算机信息系统安全专用产品,是指用于保护计算机信息系统安全的专用硬件和软件产品。

第二十九条　军队的计算机信息系统安全保护工作,按照军队的有关法规执行。

第三十条　公安部可以根据本条例制定实施办法。

第三十一条　本条例自发布之日起施行。

第三部分

司法解释

最高人民法院关于审理使用人脸识别技术处理个人信息相关民事案件适用法律若干问题的规定

（2021 年 6 月 8 日最高人民法院审判委员会第 1841 次会议通过　2021 年 7 月 27 日最高人民法院公告公布　自 2021 年 8 月 1 日起施行　法释〔2021〕15 号）

为正确审理使用人脸识别技术处理个人信息相关民事案件，保护当事人合法权益，促进数字经济健康发展，根据《中华人民共和国民法典》《中华人民共和国网络安全法》《中华人民共和国消费者权益保护法》《中华人民共和国电子商务法》《中华人民共和国民事诉讼法》等法律的规定，结合审判实践，制定本规定。

第一条　因信息处理者违反法律、行政法规的规定或者双方的约定使用人脸识别技术处理人脸信息、处理基于人脸识别技术生成的人脸信息所引起的民事案件，适用本规定。

人脸信息的处理包括人脸信息的收集、存储、使用、加工、传输、提供、公开等。

本规定所称人脸信息属于民法典第一千零三十四条规定的"生物识别信息"。

第二条　信息处理者处理人脸信息有下列情形之一的，人民法院应当认定属于侵害自然人人格权益的行为：

（一）在宾馆、商场、银行、车站、机场、体育场馆、娱乐场所等经营场所、公共场所违反法律、行政法规的规定使用人脸识别技术进行人脸验证、辨识或者分析；

（二）未公开处理人脸信息的规则或者未明示处理的目的、方式、范围；

（三）基于个人同意处理人脸信息的，未征得自然人或者其监护人的单独同意，或者未按照法律、行政法规的规定征得自然人或者其监护人的书面同意；

（四）违反信息处理者明示或者双方约定的处理人脸信息的目的、方式、范围等；

（五）未采取应有的技术措施或者其他必要措施确保其收集、存储的人脸信息安全，致使人脸信息泄露、篡改、丢失；

（六）违反法律、行政法规的规定或者双方的约定，向他人提供人脸信息；

（七）违背公序良俗处理人脸信息；

（八）违反合法、正当、必要原则处理人脸信息的其他情形。

第三条 人民法院认定信息处理者承担侵害自然人人格权益的民事责任，应当适用民法典第九百九十八条的规定，并结合案件具体情况综合考量受害人是否为未成年人、告知同意情况以及信息处理的必要程度等因素。

第四条 有下列情形之一，信息处理者以已征得自然人或者其监护人同意为由抗辩的，人民法院不予支持：

（一）信息处理者要求自然人同意处理其人脸信息才提供产品或者服务的，但是处理人脸信息属于提供产品或者服务所必需的除外；

（二）信息处理者以与其他授权捆绑等方式要求自然人同意处理其人脸信息的；

（三）强迫或者变相强迫自然人同意处理其人脸信息的其他情形。

第五条 有下列情形之一，信息处理者主张其不承担民事责任的，人民法院依法予以支持：

（一）为应对突发公共卫生事件，或者紧急情况下为保护自然人的生命健康和财产安全所必需而处理人脸信息的；

（二）为维护公共安全，依据国家有关规定在公共场所使用人脸识别技术的；

（三）为公共利益实施新闻报道、舆论监督等行为在合理的范围内处理人脸信息的；

（四）在自然人或者其监护人同意的范围内合理处理人脸信息的；

（五）符合法律、行政法规规定的其他情形。

第六条 当事人请求信息处理者承担民事责任的，人民法院应当依据民事诉讼法第六十四条及《最高人民法院关于适用〈中华人民共和国民事诉讼法〉的解释》第九十条、第九十一条，《最高人民法院关于民事诉讼证据的若干规定》的相关规定确定双方当事人的举证责任。

信息处理者主张其行为符合民法典第一千零三十五条第一款规定情形的，应当就此所依据的事实承担举证责任。

信息处理者主张其不承担民事责任的，应当就其行为符合本规定第五条规定的情形承担举证责任。

第七条 多个信息处理者处理人脸信息侵害自然人人格权益,该自然人主张多个信息处理者按照过错程度和造成损害结果的大小承担侵权责任的,人民法院依法予以支持;符合民法典第一千一百六十八条、第一千一百六十九条第一款、第一千一百七十条、第一千一百七十一条等规定的相应情形,该自然人主张多个信息处理者承担连带责任的,人民法院依法予以支持。

信息处理者利用网络服务处理人脸信息侵害自然人人格权益的,适用民法典第一千一百九十五条、第一千一百九十六条、第一千一百九十七条等规定。

第八条 信息处理者处理人脸信息侵害自然人人格权益造成财产损失,该自然人依据民法典第一千一百八十二条主张财产损害赔偿的,人民法院依法予以支持。

自然人为制止侵权行为所支付的合理开支,可以认定为民法典第一千一百八十二条规定的财产损失。合理开支包括该自然人或者委托代理人对侵权行为进行调查、取证的合理费用。人民法院根据当事人的请求和具体案情,可以将合理的律师费用计算在赔偿范围内。

第九条 自然人有证据证明信息处理者使用人脸识别技术正在实施或者即将实施侵害其隐私权或者其他人格权益的行为,不及时制止将使其合法权益受到难以弥补的损害,向人民法院申请采取责令信息处理者停止有关行为的措施的,人民法院可以根据案件具体情况依法作出人格权侵害禁令。

第十条 物业服务企业或者其他建筑物管理人以人脸识别作为业主或者物业使用人出入物业服务区域的唯一验证方式,不同意的业主或者物业使用人请求其提供其他合理验证方式的,人民法院依法予以支持。

物业服务企业或者其他建筑物管理人存在本规定第二条规定的情形,当事人请求物业服务企业或者其他建筑物管理人承担侵权责任的,人民法院依法予以支持。

第十一条 信息处理者采用格式条款与自然人订立合同,要求自然人授予其无期限限制、不可撤销、可任意转授权等处理人脸信息的权利,该自然人依据民法典第四百九十七条请求确认格式条款无效的,人民法院依法予以支持。

第十二条 信息处理者违反约定处理自然人的人脸信息,该自然人请求其承担违约责任的,人民法院依法予以支持。该自然人请求信息处理者承担违约责任时,请求删除人脸信息的,人民法院依法予以支持;信息处理者以双方未对人脸信息的删除作出约定为由抗辩的,人民法院不予支持。

第十三条 基于同一信息处理者处理人脸信息侵害自然人人格权益发生的纠纷,多个受害人分别向同一人民法院起诉的,经当事人同意,人民法院可以合并审理。

第十四条 信息处理者处理人脸信息的行为符合民事诉讼法第五十五条、消费者权益保护法第四十七条或者其他法律关于民事公益诉讼的相关规定,法律规定的机关和有关组织提起民事公益诉讼的,人民法院应予受理。

第十五条 自然人死亡后,信息处理者违反法律、行政法规的规定或者双方的约定处理人脸信息,死者的近亲属依据民法典第九百九十四条请求信息处理者承担民事责任的,适用本规定。

第十六条 本规定自 2021 年 8 月 1 日起施行。

信息处理者使用人脸识别技术处理人脸信息、处理基于人脸识别技术生成的人脸信息的行为发生在本规定施行前的,不适用本规定。

最高人民法院关于审理利用信息网络侵害人身权益民事纠纷案件适用法律若干问题的规定

（2014 年 6 月 23 日由最高人民法院审判委员会第 1621 次会议通过　根据 2020 年 12 月 23 日最高人民法院审判委员会第 1823 次会议通过的《最高人民法院关于修改〈最高人民法院关于在民事审判工作中适用《中华人民共和国工会法》若干问题的解释〉等二十七件民事类司法解释的决定》修正）

为正确审理利用信息网络侵害人身权益民事纠纷案件,根据《中华人民共和国民法典》《全国人民代表大会常务委员会关于加强网络信息保护的决定》《中华人民共和国民事诉讼法》等法律的规定,结合审判实践,制定本规定。

第一条　本规定所称的利用信息网络侵害人身权益民事纠纷案件,是指利用信息网络侵害他人姓名权、名称权、名誉权、荣誉权、肖像权、隐私权等人身权益引起的纠纷案件。

第二条　原告依据民法典第一千一百九十五条、第一千一百九十七条的规定起诉网络用户或者网络服务提供者的,人民法院应予受理。

原告仅起诉网络用户,网络用户请求追加涉嫌侵权的网络服务提供者为共同被告或者第三人的,人民法院应予准许。

原告仅起诉网络服务提供者,网络服务提供者请求追加可以确定的网络用户为共同被告或者第三人的,人民法院应予准许。

第三条　原告起诉网络服务提供者,网络服务提供者以涉嫌侵权的信息系网络用户发布为由抗辩的,人民法院可以根据原告的请求及案件的具体情况,责令网络服务提供者向人民法院提供能够确定涉嫌侵权的网络用户的姓名（名称）、联系方式、网络地址等信息。

网络服务提供者无正当理由拒不提供的,人民法院可以依据民事诉讼法第一百一十四条的规定对网络服务提供者采取处罚等措施。

原告根据网络服务提供者提供的信息请求追加网络用户为被告的,人民法院应予准许。

第四条 人民法院适用民法典第一千一百九十五条第二款的规定,认定网络服务提供者采取的删除、屏蔽、断开链接等必要措施是否及时,应当根据网络服务的类型和性质、有效通知的形式和准确程度、网络信息侵害权益的类型和程度等因素综合判断。

第五条 其发布的信息被采取删除、屏蔽、断开链接等措施的网络用户,主张网络服务提供者承担违约责任或者侵权责任,网络服务提供者以收到民法典第一千一百九十五条第一款规定的有效通知为由抗辩的,人民法院应予支持。

第六条 人民法院依据民法典第一千一百九十七条认定网络服务提供者是否"知道或者应当知道",应当综合考虑下列因素:

(一)网络服务提供者是否以人工或者自动方式对侵权网络信息以推荐、排名、选择、编辑、整理、修改等方式作出处理;

(二)网络服务提供者应当具备的管理信息的能力,以及所提供服务的性质、方式及其引发侵权的可能性大小;

(三)该网络信息侵害人身权益的类型及明显程度;

(四)该网络信息的社会影响程度或者一定时间内的浏览量;

(五)网络服务提供者采取预防侵权措施的技术可能性及其是否采取了相应的合理措施;

(六)网络服务提供者是否针对同一网络用户的重复侵权行为或者同一侵权信息采取了相应的合理措施;

(七)与本案相关的其他因素。

第七条 人民法院认定网络用户或者网络服务提供者转载网络信息行为的过错及其程度,应当综合以下因素:

(一)转载主体所承担的与其性质、影响范围相适应的注意义务;

(二)所转载信息侵害他人人身权益的明显程度;

(三)对所转载信息是否作出实质性修改,是否添加或者修改文章标题,导致其与内容严重不符以及误导公众的可能性。

第八条 网络用户或者网络服务提供者采取诽谤、诋毁等手段,损害公众对经营主体的信赖,降低其产品或者服务的社会评价,经营主体请求网络用户或者网络服务提供者承担侵权责任的,人民法院应依法予以支持。

第九条 网络用户或者网络服务提供者,根据国家机关依职权制作的文书和公开实施的职权行为等信息来源所发布的信息,有下列情形之一,侵害他人人身权益,被侵权人请求侵权人承担侵权责任的,人民法院应予支持:

(一)网络用户或者网络服务提供者发布的信息与前述信息来源内容不符;

（二）网络用户或者网络服务提供者以添加侮辱性内容、诽谤性信息、不当标题或者通过增删信息、调整结构、改变顺序等方式致人误解；

（三）前述信息来源已被公开更正，但网络用户拒绝更正或者网络服务提供者不予更正；

（四）前述信息来源已被公开更正，网络用户或者网络服务提供者仍然发布更正之前的信息。

第十条 被侵权人与构成侵权的网络用户或者网络服务提供者达成一方支付报酬，另一方提供删除、屏蔽、断开链接等服务的协议，人民法院应认定为无效。

擅自篡改、删除、屏蔽特定网络信息或者以断开链接的方式阻止他人获取网络信息，发布该信息的网络用户或者网络服务提供者请求侵权人承担侵权责任的，人民法院应予支持。接受他人委托实施该行为的，委托人与受托人承担连带责任。

第十一条 网络用户或者网络服务提供者侵害他人人身权益，造成财产损失或者严重精神损害，被侵权人依据民法典第一千一百八十二条和第一千一百八十三条的规定，请求其承担赔偿责任的，人民法院应予支持。

第十二条 被侵权人为制止侵权行为所支付的合理开支，可以认定为民法典第一千一百八十二条规定的财产损失。合理开支包括被侵权人或者委托代理人对侵权行为进行调查、取证的合理费用。人民法院根据当事人的请求和具体案情，可以将符合国家有关部门规定的律师费用计算在赔偿范围内。

被侵权人因人身权益受侵害造成的财产损失以及侵权人因此获得的利益难以确定的，人民法院可以根据具体案情在 50 万元以下的范围内确定赔偿数额。

第十三条 本规定施行后人民法院正在审理的一审、二审案件适用本规定。

本规定施行前已经终审，本规定施行后当事人申请再审或者按照审判监督程序决定再审的案件，不适用本规定。

最高人民法院 最高人民检察院
关于办理非法利用信息网络、
帮助信息网络犯罪活动等刑事
案件适用法律若干问题的解释

（2019 年 6 月 3 日最高人民法院审判委员会第 1771 次会议、2019 年 9 月 4 日最高人民检察院第十三届检察委员会第二十三次会议通过　2019 年 10 月 21 日最高人民法院、最高人民检察院公告公布　自 2019 年 11 月 1 日起施行　法释〔2019〕15 号）

为依法惩治拒不履行信息网络安全管理义务、非法利用信息网络、帮助信息网络犯罪活动等犯罪，维护正常网络秩序，根据《中华人民共和国刑法》《中华人民共和国刑事诉讼法》的规定，现就办理此类刑事案件适用法律的若干问题解释如下：

第一条　提供下列服务的单位和个人，应当认定为刑法第二百八十六条之一第一款规定的"网络服务提供者"：

（一）网络接入、域名注册解析等信息网络接入、计算、存储、传输服务；

（二）信息发布、搜索引擎、即时通讯、网络支付、网络预约、网络购物、网络游戏、网络直播、网站建设、安全防护、广告推广、应用商店等信息网络应用服务；

（三）利用信息网络提供的电子政务、通信、能源、交通、水利、金融、教育、医疗等公共服务。

第二条　刑法第二百八十六条之一第一款规定的"监管部门责令采取改正措施"，是指网信、电信、公安等依照法律、行政法规的规定承担信息网络安全监管职责的部门，以责令整改通知书或者其他文书形式，责令网络服务提供者采取改正措施。

认定"经监管部门责令采取改正措施而拒不改正"，应当综合考虑监管部门责令改正是否具有法律、行政法规依据,改正措施及期限要求是否明确、合理,网络服务提供者是否具有按照要求采取改正措施的能力等因素进行判断。

第三条　拒不履行信息网络安全管理义务,具有下列情形之一的,应当认定为刑法第二百八十六条之一第一款第一项规定的"致使违法信息大量传播":

(一)致使传播违法视频文件二百个以上的;

(二)致使传播违法视频文件以外的其他违法信息二千个以上的;

(三)致使传播违法信息,数量虽未达到第一项、第二项规定标准,但是按相应比例折算合计达到有关数量标准的;

(四)致使向二千个以上用户账号传播违法信息的;

(五)致使利用群组成员账号数累计三千以上的通讯群组或者关注人员账号数累计三万以上的社交网络传播违法信息的;

(六)致使违法信息实际被点击数达到五万以上的;

(七)其他致使违法信息大量传播的情形。

第四条　拒不履行信息网络安全管理义务,致使用户信息泄露,具有下列情形之一的,应当认定为刑法第二百八十六条之一第一款第二项规定的"造成严重后果":

(一)致使泄露行踪轨迹信息、通信内容、征信信息、财产信息五百条以上的;

(二)致使泄露住宿信息、通信记录、健康生理信息、交易信息等其他可能影响人身、财产安全的用户信息五千条以上的;

(三)致使泄露第一项、第二项规定以外的用户信息五万条以上的;

(四)数量虽未达到第一项至第三项规定标准,但是按相应比例折算合计达到有关数量标准的;

(五)造成他人死亡、重伤、精神失常或者被绑架等严重后果的;

(六)造成重大经济损失的;

(七)严重扰乱社会秩序的;

(八)造成其他严重后果的。

第五条　拒不履行信息网络安全管理义务,致使影响定罪量刑的刑事案件证据灭失,具有下列情形之一的,应当认定为刑法第二百八十六条之一第一款第三项规定的"情节严重":

(一)造成危害国家安全犯罪、恐怖活动犯罪、黑社会性质组织犯罪、贪污贿赂犯罪案件的证据灭失的;

(二)造成可能判处五年有期徒刑以上刑罚犯罪案件的证据灭失的;

(三)多次造成刑事案件证据灭失的;

（四）致使刑事诉讼程序受到严重影响的；

（五）其他情节严重的情形。

第六条 拒不履行信息网络安全管理义务,具有下列情形之一的,应当认定为刑法第二百八十六条之一第一款第四项规定的"有其他严重情节"：

（一）对绝大多数用户日志未留存或者未落实真实身份信息认证义务的；

（二）二年内经多次责令改正拒不改正的；

（三）致使信息网络服务被主要用于违法犯罪的；

（四）致使信息网络服务、网络设施被用于实施网络攻击,严重影响生产、生活的；

（五）致使信息网络服务被用于实施危害国家安全犯罪、恐怖活动犯罪、黑社会性质组织犯罪、贪污贿赂犯罪或者其他重大犯罪的；

（六）致使国家机关或者通信、能源、交通、水利、金融、教育、医疗等领域提供公共服务的信息网络受到破坏,严重影响生产、生活的；

（七）其他严重违反信息网络安全管理义务的情形。

第七条 刑法第二百八十七条之一规定的"违法犯罪",包括犯罪行为和属于刑法分则规定的行为类型但尚未构成犯罪的违法行为。

第八条 以实施违法犯罪活动为目的而设立或者设立后主要用于实施违法犯罪活动的网站、通讯群组,应当认定为刑法第二百八十七条之一第一款第一项规定的"用于实施诈骗、传授犯罪方法、制作或者销售违禁物品、管制物品等违法犯罪活动的网站、通讯群组"。

第九条 利用信息网络提供信息的链接、截屏、二维码、访问账号密码及其他指引访问服务的,应当认定为刑法第二百八十七条之一第一款第二项、第三项规定的"发布信息"。

第十条 非法利用信息网络,具有下列情形之一的,应当认定为刑法第二百八十七条之一第一款规定的"情节严重"：

（一）假冒国家机关、金融机构名义,设立用于实施违法犯罪活动的网站的；

（二）设立用于实施违法犯罪活动的网站,数量达到三个以上或者注册账号数累计达到二千以上的；

（三）设立用于实施违法犯罪活动的通讯群组,数量达到五个以上或者群组成员账号数累计达到一千以上的；

（四）发布有关违法犯罪的信息或者为实施违法犯罪活动发布信息,具有下列情形之一的：

1. 在网站上发布有关信息一百条以上的；

2. 向二千个以上用户账号发送有关信息的；

3. 向群组成员数累计达到三千以上的通讯群组发送有关信息的；

4. 利用关注人员账号数累计达到三万以上的社交网络传播有关信息的；

（五）违法所得一万元以上的；

（六）二年内曾因非法利用信息网络、帮助信息网络犯罪活动、危害计算机信息系统安全受过行政处罚，又非法利用信息网络的；

（七）其他情节严重的情形。

第十一条　为他人实施犯罪提供技术支持或者帮助，具有下列情形之一的，可以认定行为人明知他人利用信息网络实施犯罪，但是有相反证据的除外：

（一）经监管部门告知后仍然实施有关行为的；

（二）接到举报后不履行法定管理职责的；

（三）交易价格或者方式明显异常的；

（四）提供专门用于违法犯罪的程序、工具或者其他技术支持、帮助的；

（五）频繁采用隐蔽上网、加密通信、销毁数据等措施或者使用虚假身份，逃避监管或者规避调查的；

（六）为他人逃避监管或者规避调查提供技术支持、帮助的；

（七）其他足以认定行为人明知的情形。

第十二条　明知他人利用信息网络实施犯罪，为其犯罪提供帮助，具有下列情形之一的，应当认定为刑法第二百八十七条之二第一款规定的"情节严重"：

（一）为三个以上对象提供帮助的；

（二）支付结算金额二十万元以上的；

（三）以投放广告等方式提供资金五万元以上的；

（四）违法所得一万元以上的；

（五）二年内曾因非法利用信息网络、帮助信息网络犯罪活动、危害计算机信息系统安全受过行政处罚，又帮助信息网络犯罪活动的；

（六）被帮助对象实施的犯罪造成严重后果的；

（七）其他情节严重的情形。

实施前款规定的行为，确因客观条件限制无法查证被帮助对象是否达到犯罪的程度，但相关数额总计达到前款第二项至第四项规定标准五倍以上，或者造成特别严重后果的，应当以帮助信息网络犯罪活动罪追究行为人的刑事责任。

第十三条　被帮助对象实施的犯罪行为可以确认，但尚未到案、尚未依法裁判或者因未达到刑事责任年龄等原因依法未予追究刑事责任的，不影响帮助信息网络犯罪活动罪的认定。

第十四条 单位实施本解释规定的犯罪的,依照本解释规定的相应自然人犯罪的定罪量刑标准,对直接负责的主管人员和其他直接责任人员定罪处罚,并对单位判处罚金。

第十五条 综合考虑社会危害程度、认罪悔罪态度等情节,认为犯罪情节轻微的,可以不起诉或者免予刑事处罚;情节显著轻微危害不大的,不以犯罪论处。

第十六条 多次拒不履行信息网络安全管理义务、非法利用信息网络、帮助信息网络犯罪活动构成犯罪,依法应当追诉的,或者二年内多次实施前述行为未经处理的,数量或者数额累计计算。

第十七条 对于实施本解释规定的犯罪被判处刑罚的,可以根据犯罪情况和预防再犯罪的需要,依法宣告职业禁止;被判处管制、宣告缓刑的,可以根据犯罪情况,依法宣告禁止令。

第十八条 对于实施本解释规定的犯罪的,应当综合考虑犯罪的危害程度、违法所得数额以及被告人的前科情况、认罪悔罪态度等,依法判处罚金。

第十九条 本解释自 2019 年 11 月 1 日起施行。

最高人民法院　最高人民检察院
关于办理侵犯公民个人信息刑事
案件适用法律若干问题的解释

（2017 年 3 月 20 日最高人民法院审判委员会第 1712 次会议、2017 年 4 月 26 日最高人民检察院第十二届检察委员会第 63 次会议通过　2017 年 5 月 8 日最高人民法院　最高人民检察院公告公布　自 2017 年 6 月 1 日起施行　法释〔2017〕10 号）

为依法惩治侵犯公民个人信息犯罪活动，保护公民个人信息安全和合法权益，根据《中华人民共和国刑法》《中华人民共和国刑事诉讼法》的有关规定，现就办理此类刑事案件适用法律的若干问题解释如下：

第一条　刑法第二百五十三条之一规定的"公民个人信息"，是指以电子或者其他方式记录的能够单独或者与其他信息结合识别特定自然人身份或者反映特定自然人活动情况的各种信息，包括姓名、身份证件号码、通信通讯联系方式、住址、账号密码、财产状况、行踪轨迹等。

第二条　违反法律、行政法规、部门规章有关公民个人信息保护的规定的，应当认定为刑法第二百五十三条之一规定的"违反国家有关规定"。

第三条　向特定人提供公民个人信息，以及通过信息网络或者其他途径发布公民个人信息的，应当认定为刑法第二百五十三条之一规定的"提供公民个人信息"。

未经被收集者同意，将合法收集的公民个人信息向他人提供的，属于刑法第二百五十三条之一规定的"提供公民个人信息"，但是经过处理无法识别特定个人且不能复原的除外。

第四条　违反国家有关规定，通过购买、收受、交换等方式获取公民个人信息，或者在履行职责、提供服务过程中收集公民个人信息的，属于刑法第二百五十三条之一第三款规定的"以其他方法非法获取公民个人信息"。

第五条　非法获取、出售或者提供公民个人信息，具有下列情形之一的，应当认定为刑法第二百五十三条之一规定的"情节严重"：

（一）出售或者提供行踪轨迹信息，被他人用于犯罪的；

（二）知道或者应当知道他人利用公民个人信息实施犯罪，向其出售或者提供的；

（三）非法获取、出售或者提供行踪轨迹信息、通信内容、征信信息、财产信息五十条以上的；

（四）非法获取、出售或者提供住宿信息、通信记录、健康生理信息、交易信息等其他可能影响人身、财产安全的公民个人信息五百条以上的；

（五）非法获取、出售或者提供第三项、第四项规定以外的公民个人信息五千条以上的；

（六）数量未达到第三项至第五项规定标准，但是按相应比例合计达到有关数量标准的；

（七）违法所得五千元以上的；

（八）将在履行职责或者提供服务过程中获得的公民个人信息出售或者提供给他人，数量或者数额达到第三项至第七项规定标准一半以上的；

（九）曾因侵犯公民个人信息受过刑事处罚或者二年内受过行政处罚，又非法获取、出售或者提供公民个人信息的；

（十）其他情节严重的情形。

实施前款规定的行为，具有下列情形之一的，应当认定为刑法第二百五十三条之一第一款规定的"情节特别严重"：

（一）造成被害人死亡、重伤、精神失常或者被绑架等严重后果的；

（二）造成重大经济损失或者恶劣社会影响的；

（三）数量或者数额达到前款第三项至第八项规定标准十倍以上的；

（四）其他情节特别严重的情形。

第六条 为合法经营活动而非法购买、收受本解释第五条第一款第三项、第四项规定以外的公民个人信息，具有下列情形之一的，应当认定为刑法第二百五十三条之一规定的"情节严重"：

（一）利用非法购买、收受的公民个人信息获利五万元以上的；

（二）曾因侵犯公民个人信息受过刑事处罚或者二年内受过行政处罚，又非法购买、收受公民个人信息的；

（三）其他情节严重的情形。

实施前款规定的行为，将购买、收受的公民个人信息非法出售或者提供的，定罪量刑标准适用本解释第五条的规定。

第七条 单位犯刑法第二百五十三条之一规定之罪的，依照本解释规定的相应自然人犯罪的定罪量刑标准,对直接负责的主管人员和其他直接责任人员定罪处罚,并对单位判处罚金。

第八条　设立用于实施非法获取、出售或者提供公民个人信息违法犯罪活动的网站、通讯群组,情节严重的,应当依照刑法第二百八十七条之一的规定,以非法利用信息网络罪定罪处罚;同时构成侵犯公民个人信息罪的,依照侵犯公民个人信息罪定罪处罚。

第九条　网络服务提供者拒不履行法律、行政法规规定的信息网络安全管理义务,经监管部门责令采取改正措施而拒不改正,致使用户的公民个人信息泄露,造成严重后果的,应当依照刑法第二百八十六条之一的规定,以拒不履行信息网络安全管理义务罪定罪处罚。

第十条　实施侵犯公民个人信息犯罪,不属于"情节特别严重",行为人系初犯,全部退赃,并确有悔罪表现的,可以认定为情节轻微,不起诉或者免予刑事处罚;确有必要判处刑罚的,应当从宽处罚。

第十一条　非法获取公民个人信息后又出售或者提供的,公民个人信息的条数不重复计算。

向不同单位或者个人分别出售、提供同一公民个人信息的,公民个人信息的条数累计计算。

对批量公民个人信息的条数,根据查获的数量直接认定,但是有证据证明信息不真实或者重复的除外。

第十二条　对于侵犯公民个人信息犯罪,应当综合考虑犯罪的危害程度、犯罪的违法所得数额以及被告人的前科情况、认罪悔罪态度等,依法判处罚金。罚金数额一般在违法所得的一倍以上五倍以下。

第十三条　本解释自 2017 年 6 月 1 日起施行。

第四部分

司法文件

最高人民检察院关于印发
《检察机关办理侵犯公民
个人信息案件指引》的通知

（2018 年 11 月 9 日　高检发侦监字〔2018〕13 号）

各省、自治区、直辖市人民检察院,新疆生产建设兵团人民检察院:

《检察机关办理侵犯公民个人信息案件指引》已经 2018 年 8 月 24 日最高人民检察院第十三届检察委员会第五次会议通过,现印发你们,供参考。

检察机关办理侵犯公民个人信息案件指引

根据《中华人民共和国刑法》第二百五十三条之一的规定,侵犯公民个人信息罪是指违反国家有关规定,向他人出售、提供公民个人信息,或者通过窃取等方法非法获取公民个人信息,情节严重的行为。结合《最高人民法院、最高人民检察院关于办理侵犯公民个人信息刑事案件适用法律若干问题的解释》(法释〔2017〕10 号)(以下简称《解释》),办理侵犯公民个人信息案件,应当特别注意以下问题:一是对"公民个人信息"的审查认定;二是对"违反国家有关规定"的审查认定;三是对"非法获取"的审查认定;四是对"情节严重"和"情节特别严重"的审查认定;五是对关联犯罪的审查认定。

一、审查证据的基本要求

（一）审查逮捕

1. 有证据证明发生了侵犯公民个人信息犯罪事实

（1）证明侵犯公民个人信息案件发生

主要证据包括:报案登记、受案登记、立案决定书、破案经过、证人证言、被害人陈述、犯罪嫌疑人供述和辩解以及证人、被害人提供的短信、微信或 QQ 截图等电子数据。

（2）证明被侵犯对象系公民个人信息

主要证据包括：扣押物品清单、勘验检查笔录、电子数据、司法鉴定意见及公民信息查询结果说明、被害人陈述、被害人提供的原始信息资料和对比资料等。

2. 有证据证明侵犯公民个人信息行为是犯罪嫌疑人实施的

（1）证明违反国家有关规定的证据：犯罪嫌疑人关于所从事的职业的供述、其所在公司的工商注册资料、公司出具的犯罪嫌疑人职责范围说明、劳动合同、保密协议及公司领导、同事关于犯罪嫌疑人职责范围的证言等。

（2）证明出售、提供行为的证据：远程勘验笔录及 QQ、微信等即时通讯工具聊天记录、论坛、贴吧、电子邮件、手机短信记录等电子数据，证明犯罪嫌疑人通过上述途径向他人出售、提供、交换公民个人信息的情况。公民个人信息贩卖者、提供者、担保交易人及购买者、收受者的证言或供述，相关银行账户明细、第三方支付平台账户明细，证明出售公民个人信息违法所得情况。此外，如果犯罪嫌疑人系通过信息网络发布方式提供公民个人信息，证明该行为的证据还包括远程勘验笔录、扣押笔录、扣押物品清单、对手机、电脑存储介质、云盘、FTP 等的司法鉴定意见等。

（3）证明犯罪嫌疑人或公民个人信息购买者、收受者控制涉案信息的证据：搜查笔录、扣押笔录、扣押物品清单，对手机、电脑存储介质等的司法鉴定意见等，证实储存有公民个人信息的电脑、手机、U 盘或者移动硬盘、云盘、FTP 等介质与犯罪嫌疑人或公民个人信息购买者、收受者的关系。犯罪嫌疑人供述、辨认笔录及证人证言等，证实犯罪嫌疑人或公民个人信息购买者、收受者所有或实际控制、使用涉案存储介质。

（4）证明涉案公民个人信息真实性的证据：被害人陈述、被害人提供的原始信息资料、公安机关或相关单位出具的涉案公民个人信息与权威数据库内信息同一性的比对说明。针对批量的涉案公民个人信息的真实性问题，根据《解释》精神，可以根据查获的数量直接认定，但有证据证明信息不真实或重复的除外。

（5）证明违反国家规定，通过窃取、购买、收受、交换等方式非法获取公民个人信息的证据：主要证据与上述以出售、提供方式侵犯公民个人信息行为的证据基本相同。针对窃取的方式如通过技术手段非法获取公民个人信息的行为，需证明犯罪嫌疑人实施上述行为，除被害人陈述、犯罪嫌疑人供述和辩解外，还包括侦查机关从被害公司数据库中发现入侵电脑 IP 地址情况、从犯罪嫌疑人电脑中提取的侵入被害公司数据的痕迹等现场勘验检查笔录，以及涉案程序（木马）的司法鉴定意见等。

3. 有证据证明犯罪嫌疑人具有侵犯公民个人信息的主观故意

（1）证明犯罪嫌疑人明知没有获取、提供公民个人信息的法律依据或资格，主要证据包括：犯罪嫌疑人的身份证明、犯罪嫌疑人关于所从事职业的供述、其所在公司的工商资料和营业范围、公司关于犯罪嫌疑人的职责范围说明、公司主要负责人的证人证言等。

（2）证明犯罪嫌疑人积极实施窃取、出售、提供、购买、交换、收受公民个人信息的行为，主要证据除了证人证言、犯罪嫌疑人供述和辩解外，还包括远程勘验笔录、手机短信记录、即时通讯工具聊天记录、电子数据司法鉴定意见、银行账户明细、第三方支付平台账户明细等。

4. 有证据证明"情节严重"或"情节特别严重"

（1）公民个人信息购买者或收受者的证言或供述。

（2）公民个人信息购买、收受公司工作人员利用公民个人信息进行电话或短信推销、商务调查等经营性活动后出具的证言或供述。

（3）公民个人信息购买者或者收受者利用所获信息从事违法犯罪活动后出具的证言或供述。

（4）远程勘验笔录、电子数据司法鉴定意见书、最高人民检察院或公安部指定的机构对电子数据涉及的专门性问题出具的报告、公民个人信息资料等。证明犯罪嫌疑人通过即时通讯工具、电子邮箱、论坛、贴吧、手机等向他人出售、提供、购买、交换、收受公民个人信息的情况。

（5）银行账户明细、第三方支付平台账户明细。

（6）死亡证明、伤情鉴定意见、医院诊断记录、经济损失鉴定意见、相关案件起诉书、判决书等。

（二）审查起诉

除审查逮捕阶段证据审查基本要求之外，对侵犯公民个人信息案件的审查起诉工作还应坚持"犯罪事实清楚，证据确实、充分"的标准，保证定罪量刑的事实都有证据证明；据以定案的证据均经法定程序查证属实；综合全案证据，对所认定的事实已排除合理怀疑。

1. 有确实充分的证据证明发生了侵犯公民个人信息犯罪事实。该证据与审查逮捕的证据类型相同。

2. 有确实充分的证据证明侵犯公民个人信息行为是犯罪嫌疑人实施的

（1）对于证明犯罪行为是犯罪嫌疑人实施的证据审查，需要结合《解释》精神，准确把握对"违反国家有关规定""出售、提供行为""窃取或以其他方法"的认定。

（2）对证明违反国家有关规定的证据审查，需要明确国家有关规定的具体内容，违反法律、行政法规、部门规章有关公民个人信息保护规定的，应当认定为刑法第二百五十三条之一规定的"违反国家有关规定"。

（3）对证明出售、提供行为的证据审查，应当明确"出售、提供"包括在履职或提供服务的过程中将合法持有的公民个人信息出售或者提供给他人的行为：向特定人提供、通过信息网络或者其他途径发布公民个人信息、未经被收集者同意，将合法收集的公民个人信息（经过处理无法识别特定个人且不能复原的除外）向他人提供的，均属于刑法第二百五十三条之一规定的"提供公民个人信息"。应当全面审查犯罪嫌疑人所出售提供公民个人信息的来源、途经与去向，对相关供述、物证、书证、证人证言、被害人陈述、电子数据等证据种类进行综合审查，针对使用信息网络进行犯罪活动的，需要结合专业知识，根据证明该行为的远程勘验笔录、扣押笔录、扣押物品清单、电子存储介质、网络存储介质等的司法鉴定意见进行审查。

（4）对证明通过窃取或以其他非法方法获取公民个人信息等方式非法获取公民个人信息的证据审查，应当明确"以其他方法获取公民个人信息"包括购买、收受、交换等方式获取公民个人信息，或者在履行职责、提供服务过程中收集公民个人信息的行为。

针对窃取行为，如通过信息网络窃取公民个人信息，则应当结合犯罪嫌疑人供述、证人证言、被害人陈述，着重审查证明犯罪嫌疑人侵入信息网络、数据库时的 IP 地址、MAC 地址、侵入工具、侵入痕迹等内容的现场勘验检查笔录以及涉案程序（木马）的司法鉴定意见等。

针对购买、收受、交换行为，应当全面审查购买、收受、交换公民个人信息的来源、途经、去向，结合犯罪嫌疑人供述和辩解、辨认笔录、证人证言等证据，对搜查笔录、扣押笔录、扣押物品清单、涉案电子存储介质等司法鉴定意见进行审查，明确上述证据同犯罪嫌疑人或公民个人信息购买、收受、交换者之间的关系。

针对履行职责、提供服务过程中收集公民个人信息的行为，应当审查证明犯罪嫌疑人所从事职业及其所负职责的证据，结合法律、行政法规、部门规章等国家有关公民个人信息保护的规定，明确犯罪嫌疑人的行为属于违反国家有关规定，以其他方法非法获取公民个人信息的行为。

（5）对证明涉案公民个人信息真实性证据的审查，应当着重审查被害人陈述、被害人提供的原始信息资料、公安机关或其他相关单位出具的涉案公民个人信息与权威数据库内信息同一性的对比说明。对批量的涉案公民个人信息的真实性问题，根据《解释》精神，可以根据查获的数量直接认定，但有证据证明信息不真实或重复的除外。

3. 有确实充分的证据证明犯罪嫌疑人具有侵犯公民个人信息的主观故意

（1）对证明犯罪嫌疑人主观故意的证据审查，应当综合审查犯罪嫌疑人的身份证明、犯罪嫌疑人关于所从事职业的供述、其所在公司的工商资料和营业范围、公司关于犯罪嫌疑人的职责范围说明、公司主要负责人的证人证言等,结合国家公民个人信息保护的相关规定,夯实犯罪嫌疑人在实施犯罪时的主观明知。

（2）对证明犯罪嫌疑人积极实施窃取或者以其他方法非法获取公民个人信息行为的证据审查,应当结合犯罪嫌疑人供述、证人证言,着重审查远程勘验笔录、手机短信记录、即时通讯工具聊天记录、电子数据司法鉴定意见、银行账户明细、第三方支付平台账户明细等,明确犯罪嫌疑人在实施犯罪时的积极作为。

4. 有确实充分的证据证明"情节严重"或"情节特别严重"。该证据与审查逮捕的证据类型相同。

二、需要特别注意的问题

在侵犯公民个人信息案件审查逮捕、审查起诉中,要根据相关法律、司法解释等规定,结合在案证据,重点注意以下问题:

（一）对"公民个人信息"的审查认定

根据《解释》的规定,公民个人信息是指以电子或者其他方式记录的能够单独或者与其他信息结合识别特定自然人身份或者反映特定自然人活动情况的各种信息,包括姓名、身份证件号码、通信通讯联系方式、住址、账号密码、财产状况、行踪轨迹等。经过处理无法识别特定自然人且不能复原的信息,虽然也可能反映自然人活动情况,但与特定自然人无直接关联,不属于公民个人信息的范畴。

对于企业工商登记等信息中所包含的手机、电话号码等信息,应当明确该号码的用途。对由公司购买、使用的手机、电话号码等信息,不属于个人信息的范畴,从而严格区分"手机、电话号码等由公司购买,归公司使用"与"公司经办人在工商登记等活动中登记个人电话、手机号码"两种不同情形。

（二）对"违反国家有关规定"的审查认定

《中华人民共和国刑法修正案（九）》将原第二百五十三条之一的"违反国家规定"修改为"违反国家有关规定",后者的范围明显更广。根据刑法第九十六条的规定,"国家规定"仅限于全国人大及其常委会制定的法律和决定,国务院制定的行政法规、规定的行政措施、发布的决定和命令。而"国家有关规定"还包括部门规章,这些规定散见于金融、电信、交通、教育、医疗、统计、邮政等领域的法律、行政法规或部门规章中。

（三）对"非法获取"的审查认定

在窃取或者以其他方法非法获取公民个人信息的行为中,需要着重把握"其他方法"的范围问题。"其他方法",是指"窃取"以外,与窃取行为具有同等危害性的方法,其中,购买是最常见的非法获取手段。侵犯公民个人信息犯罪作为电信网络诈骗的上游犯罪,诈骗分子往往先通过网络向他人购买公民个人信息,然后自己直接用于诈骗或转发给其他同伙用于诈骗,诈骗分子购买公民个人信息的行为属于非法获取行为,其同伙接收公民个人信息的行为明显也属于非法获取行为。同时,一些房产中介、物业管理公司、保险公司、担保公司的业务员往往与同行通过 QQ、微信群互相交换各自掌握的客户信息,这种交换行为也属于非法获取行为。此外,行为人在履行职责、提供服务过程中,违反国家有关规定,未经他人同意收集公民个人信息,或者收集与提供的服务无关的公民个人信息的,也属于非法获取公民个人信息的行为。

(四)对"情节严重"和"情节特别严重"的审查认定

1. 关于"情节严重"的具体认定标准,根据《解释》第五条第一款的规定,主要涉及五个方面:

(1)信息类型和数量。①行踪轨迹信息、通信内容、征信信息、财产信息,此类信息与公民人身、财产安全直接相关,数量标准为五十条以上,且仅限于上述四类信息,不允许扩大范围。对于财产信息,既包括银行、第三方支付平台、证券期货等金融服务账户的身份认证信息(一组确认用户操作权限的数据,包括账号、口令、密码、数字证书等),也包括存款、房产、车辆等财产状况信息。②住宿信息、通信记录、健康生理信息、交易信息等可能影响公民人身、财产安全的信息,数量标准为五百条以上,此类信息也与人身、财产安全直接相关,但重要程度要弱于行踪轨迹信息、通信内容、征信信息、财产信息。对"其他可能影响人身、财产安全的公民个人信息"的把握,应当确保所适用的公民个人信息涉及人身、财产安全,且与"住宿信息、通信记录、健康生理信息、交易信息"在重要程度上具有相当性。③除上述两类信息以外的其他公民个人信息,数量标准为五千条以上。

(2)违法所得数额。对于违法所得,可直接以犯罪嫌疑人出售公民个人信息的收入予以认定,不必扣减其购买信息的犯罪成本。同时,在审查认定违法所得数额过程中,应当以查获的银行交易记录、第三方支付平台交易记录、聊天记录、犯罪嫌疑人供述、证人证言综合予以认定,对于犯罪嫌疑人无法说明合法来源的用于专门实施侵犯公民个人信息犯罪的银行账户或第三方支付平台账户内资金收入,可综合全案证据认定为违法所得。

(3)信息用途。公民个人信息被他人用于违法犯罪活动的,不要求他人的行为必须构成犯罪,只要行为人明知他人非法获取公民个人信息用于违法犯罪活动即可。

(4)主体身份。如果行为人系将在履行职责或者提供服务过程中获得的公民个人信息出售或者提供给他人的,涉案信息数量、违法所得数额只要达到一般主体的一半,即可认为"情节严重"。

(5)主观恶性。曾因侵犯公民个人信息受过刑事处罚或者二年内受过行政处罚,又非法获取、出售或者提供公民个人信息的,即可认为"情节严重"。

2.关于"情节特别严重"的认定标准,根据《解释》,主要分为两类:一是信息数量、违法所得数额标准。二是信息用途引发的严重后果,其中造成人身伤亡、经济损失、恶劣社会影响等后果,需要审查认定侵犯公民个人信息的行为与严重后果间存在因果关系。

对于涉案公民个人信息数量的认定,根据《解释》第十一条,非法获取公民个人信息后又出售或者提供的,公民个人信息的条数不重复计算;向不同单位或者个人分别出售、提供同一公民个人信息的,公民个人信息的条数累计计算;对批量出售、提供公民个人信息的条数,根据查获的数量直接认定,但是有证据证明信息不真实或者重复的除外。在实践中,如犯罪嫌疑人多次获取同一条公民个人信息,一般认定为一条,不重复累计;但获取的该公民个人信息内容发生了变化的除外。

对于涉案公民个人信息的数量、社会危害性等因素的审查,应当结合刑法第二百五十三条和《解释》的规定进行综合审查。涉案公民个人信息数量极少,但造成被害人死亡等严重后果的,应审查犯罪嫌疑人行为与该后果之间的因果关系,符合条件的,可以认定为实施《解释》第五条第一款第十项"其他情节严重的情形"的行为,造成被害人死亡等严重后果,从而认定为"情节特别严重"。如涉案公民个人信息数量较多,但犯罪嫌疑人仅仅获取而未向他人出售或提供,则可以在认定相关犯罪事实的基础上,审查该行为是否符合《解释》第五条第一款第三、四、五、六、九项及第二款第三项的情形,符合条件的,可以分别认定为"情节严重""情节特别严重"。

此外,针对为合法经营活动而购买、收受公民个人信息的行为,在适用《解释》第六条的定罪量刑标准时须满足三个条件:一是为了合法经营活动,对此可以综合全案证据认定,但主要应当由犯罪嫌疑人一方提供相关证据;二是限于普通公民个人信息,即不包括可能影响人身、财产安全的敏感信息;三是信息没有再流出扩散,即行为方式限于购买、收受。如果将购买、收受的公民个人信息非法出售或者提供的,定罪量刑标准应当适用《解释》第五条的规定。

(五)对关联犯罪的审查认定

对于侵犯公民个人信息犯罪与电信网络诈骗犯罪相交织的案件,应严格按照《最高人民法院、最高人民检察院、公安部关于办理电信网络诈骗等刑事案件适用法律若干问题的意见》(法发〔2016〕32号)的规定进行审查认定,即通过认真审查非法获取、出售、提供公民个人信息的犯罪嫌疑人对电信网络诈骗犯罪的参与程度,结合能够证实其认知能力的学历文化、聊天记录、通话频率、获取固定报酬还是参与电信网络诈骗犯罪分成等证据,分析判断其是否属于诈骗共同犯罪、是否应该数罪并罚。

根据《解释》第八条的规定,设立用于实施出售、提供或者非法获取公民个人信息违法犯罪活动的网站、通讯群组,情节严重的,应当依照刑法第二百八十七条之一的规定,以非法利用信息网络罪定罪;同时构成侵犯公民个人信息罪的,应当认定为侵犯公民个人信息罪。

对于违反国家有关规定,采用技术手段非法侵入合法存储公民个人信息的单位数据库窃取公民个人信息的行为,也符合刑法第二百八十五条第二款非法获取计算机信息系统数据罪的客观特征,同时触犯侵犯公民个人信息罪和非法获取计算机信息系统数据罪的,应择一重罪论处。

此外,针对公安民警在履行职责过程中,违反国家有关规定,查询、提供公民个人信息的情形,应当认定为“违反国家有关规定,将在履行职责或者提供服务过程中以其他方法非法获取或提供公民个人信息”。但同时,应当审查犯罪嫌疑人除该行为之外有无其他行为侵害其他法益,从而对可能存在的其他犯罪予以准确认定。

三、社会危险性及羁押必要性审查

(一)审查逮捕

1. 犯罪动机:一是出售牟利;二是用于经营活动;三是用于违法犯罪活动。犯罪动机表明犯罪嫌疑人主观恶性,也能证明犯罪嫌疑人是否可能实施新的犯罪。

2. 犯罪情节。犯罪嫌疑人的行为直接反映其人身危险性。具有下列情节的侵犯公民个人信息犯罪,能够证实犯罪嫌疑人主观恶性和人身危险性较大,实施新的犯罪的可能性也较大,可以认为具有较大的社会危险性:一是犯罪持续时间较长、多次实施侵犯公民个人信息犯罪的;二是被侵犯的公民个人信息数量或违法所得巨大的;三是利用公民个人信息进行违法犯罪活动的;四是犯罪手段行为本身具有违法性或者破坏性,即犯罪手段恶劣的,如骗取、窃取公民个人信息,采取胁迫、植入木马程序侵入他人计算机系统等方式非法获取信息。

犯罪嫌疑人实施侵犯公民个人信息犯罪,不属于“情节特别严重”,系初犯,全部退赃,并确有悔罪表现的,可以认定社会危险性较小,没有逮捕必要。

(二)审查起诉

在审查起诉阶段,要结合侦查阶段取得的事实证据,进一步引导侦查机关加大捕后侦查力度,及时审查新证据。在羁押期限届满前对全案进行综合审查,对于未达到逮捕证明标准的,撤销原逮捕决定。

经羁押必要性审查,发现犯罪嫌疑人具有下列情形之一的,应当向办案机关提出释放或者变更强制措施的建议:

1. 案件证据发生重大变化,没有证据证明有犯罪事实或者犯罪行为系犯罪嫌疑人、被告人所为的。

2. 案件事实或者情节发生变化,犯罪嫌疑人、被告人可能被判处拘役、管制、独立适用附加刑、免予刑事处罚或者判决无罪的。

3. 继续羁押犯罪嫌疑人、被告人,羁押期限将超过依法可能判处的刑期的。

4. 案件事实基本查清,证据已经收集固定,符合取保候审或者监视居住条件的。

经羁押必要性审查,发现犯罪嫌疑人、被告人具有下列情形之一,且具有悔罪表现,不予羁押不致发生社会危险性的,可以向办案机关提出释放或者变更强制措施的建议:

1. 预备犯或者中止犯;共同犯罪中的从犯或者胁从犯。

2. 主观恶性较小的初犯。

3. 系未成年人或者年满七十五周岁的人。

4. 与被害方依法自愿达成和解协议,且已经履行或者提供担保的。

5. 患有严重疾病、生活不能自理的。

6. 系怀孕或者正在哺乳自己婴儿的妇女。

7. 系生活不能自理的人的唯一扶养人。

8. 可能被判处一年以下有期徒刑或者宣告缓刑的。

9. 其他不需要继续羁押犯罪嫌疑人、被告人的情形。

最高人民法院　最高人民检察院 公安部关于依法惩处侵害公民 个人信息犯罪活动的通知

（2013 年 4 月 23 日　公通字〔2013〕12 号）

各省、自治区、直辖市高级人民法院，人民检察院，公安厅、局，新疆维吾尔自治区高级人民法院生产建设兵团分院，新疆生产建设兵团人民检察院、公安局：

近年来，随着我国经济快速发展和信息网络的广泛普及，侵害公民个人信息的违法犯罪日益突出，互联网上非法买卖公民个人信息泛滥，由此滋生的电信诈骗、网络诈骗、敲诈勒索、绑架和非法讨债等犯罪屡打不绝，社会危害严重，群众反响强烈。为有效遏制、惩治侵害公民个人信息犯罪，切实保障广大人民群众的个人信息安全和合法权益，促进社会协调发展，维护社会和谐稳定，现就有关事项通知如下：

一、切实提高认识，坚决打击侵害公民个人信息犯罪活动。当前，一些犯罪分子为追逐不法利益，利用互联网大肆倒卖公民个人信息，已逐渐形成庞大"地下产业"和黑色利益链。买卖的公民个人信息包括户籍、银行、电信开户资料等，涉及公民个人生活的方方面面。部分国家机关和金融、电信、交通、教育、医疗以及物业公司、房产中介、保险、快递等企事业单位的一些工作人员，将在履行职责或者提供服务过程中获取的公民个人信息出售、非法提供给他人。获取信息的中间商在互联网上建立数据平台，大肆出售信息牟取暴利。非法调查公司根据这些信息从事非法讨债、诈骗和敲诈勒索等违法犯罪活动。此类犯罪不仅严重危害公民的信息安全，而且极易引发多种犯罪，成为电信诈骗、网络诈骗以及滋扰型"软暴力"等新型犯罪的根源，甚至与绑架、敲诈勒索、暴力追债等犯罪活动相结合，影响人民群众的安全感，威胁社会和谐稳定。各级公安机关、人民检察院、人民法院务必清醒认识此类犯罪的严重危害，以对党和人民高度负责的精神，统一思想，提高认识，精心组织，周密部署，依法惩处侵害公民个人信息犯罪活动。

二、正确适用法律,实现法律效果与社会效果的有机统一。侵害公民个人信息犯罪是新型犯罪,各级公安机关、人民检察院、人民法院要从切实保护公民个人信息安全和维护社会和谐稳定的高度,借鉴以往的成功判例,综合考虑出售、非法提供或非法获取个人信息的次数、数量、手段和牟利数额、造成的损害后果等因素,依法加大打击力度,确保取得良好的法律效果和社会效果。出售、非法提供公民个人信息罪的犯罪主体,除国家机关或金融、电信、交通、教育、医疗单位的工作人员之外,还包括在履行职责或者提供服务过程中获得公民个人信息的商业、房地产业等服务业中其他企事业单位的工作人员。公民个人信息包括公民的姓名、年龄、有效证件号码、婚姻状况、工作单位、学历、履历、家庭住址、电话号码等能够识别公民个人身份或者涉及公民个人隐私的信息、数据资料。对于在履行职责或者提供服务过程中,将获得的公民个人信息出售或者非法提供给他人,被他人用以实施犯罪,造成受害人人身伤害或者死亡,或者造成重大经济损失、恶劣社会影响的,或者出售、非法提供公民个人信息数量较大,或者违法所得数额较大的,均应当依法以出售、非法提供公民个人信息罪追究刑事责任。对于窃取或者以购买等方法非法获取公民个人信息数量较大,或者违法所得数额较大,或者造成其他严重后果的,应当依法以非法获取公民个人信息罪追究刑事责任。对使用非法获取的个人信息,实施其他犯罪行为,构成数罪的,应当依法予以并罚。单位实施侵害公民个人信息犯罪的,应当追究直接负责的主管人员和其他直接责任人员的刑事责任。要依法加大对财产刑的适用力度,剥夺犯罪分子非法获利和再次犯罪的资本。

三、加强协作配合,确保执法司法及时高效。侵害公民个人信息犯罪网络覆盖面大,关系错综复杂。犯罪行为发生地、犯罪结果发生地、犯罪分子所在地等往往不在一地。同时,由于犯罪行为大多依托互联网、移动电子设备,通过即时通讯工具、电子邮件等多种方式实施,调查取证难度很大。各级公安机关、人民检察院、人民法院要在分工负责、依法高效履行职责的基础上,进一步加强沟通协调,通力配合,密切协作,保证立案、侦查、批捕、审查起诉、审判等各个环节顺利进行。对查获的侵害公民个人信息犯罪案件,公安机关要按照属地管辖原则,及时立案侦查,及时移送审查起诉。对于几个公安机关都有权管辖的案件,由最初受理的公安机关管辖。必要时,可以由主要犯罪地的公安机关管辖。对管辖不明确或者有争议的刑事案件,可以由有关公安机关协商。协商不成的,由共同的上级公安机关指定管辖。对于指定管辖的案件,需要逮捕犯罪嫌疑人的,由被指定管辖的公安机关提请同级人民检察院审查批准;需要提起公诉的,由该公安机关移送同级人民检察院审查决定;人民检察院对于审查起诉的案件,按照刑事诉讼法的管辖规定,认为应当由上级人民检察院或者同级其他人民检察院起诉的,应当将案件移交有管辖权的人民检察院;人民检察院认为需要依照刑事诉讼法的规定指定审判管辖的,应当协商同级人民法院办理指定管辖有关事宜。在办理侵害公民个人信息犯罪案件的过程中,对于疑难、复杂案件,人民检察院可以适时派员会同公安机关共同就证据收集等方面进行研究和沟通协调。人民检察院对于公安机关提请批准逮捕、移送审查起诉的相关案件,符合批捕、起诉条件的,要依法尽快予以批捕、起诉;对于确需补充侦查的,要制作具体、详细的补充侦查提纲。人民法院要加强审判力量,准确定性,依法快审快结。

四、推进综合治理,建立防范、打击长效工作机制。预防和打击侵害公民个人信息犯罪是一项艰巨任务,必须标本兼治,积极探索和构建防范、打击的长效工作机制。各地公安机关、人民检察院、人民法院在依法惩处此类犯罪的同时,要积极参与综合治理,注意发现保护公民个人信息工作中的漏洞和隐患,及时通报相关部门,提醒和督促有关部门和单位加强监管、完善制度。要充分利用报纸、广播、电视、网络等多种媒体平台,大力宣传党和国家打击此类犯罪的决心和力度,宣传相关的政策和法律法规,提醒和教育广大群众运用法律保障和维护自身合法权益,提高自我防范的意识和能力。

各地接此通知后,请迅速传达至各级人民法院、人民检察院、公安机关。执行中遇到的问题,请及时报最高人民法院、最高人民检察院、公安部。

第五部分

部门规章

互联网信息服务算法推荐管理规定(节录)

〔2021 年 12 月 31 日国家互联网信息办公室、中华人民共和国工业和信息化部、中华人民共和国公安部、国家市场监督管理总局令(第 9 号)公布 自 2022 年 3 月 1 日起施行〕

第一条 为了规范互联网信息服务算法推荐活动,弘扬社会主义核心价值观,维护国家安全和社会公共利益,保护公民、法人和其他组织的合法权益,促进互联网信息服务健康有序发展,根据《中华人民共和国网络安全法》、《中华人民共和国数据安全法》、《中华人民共和国个人信息保护法》、《互联网信息服务管理办法》等法律、行政法规,制定本规定。

第七条 算法推荐服务提供者应当落实算法安全主体责任,建立健全算法机制机理审核、科技伦理审查、用户注册、信息发布审核、数据安全和个人信息保护、反电信网络诈骗、安全评估监测、安全事件应急处置等管理制度和技术措施,制定并公开算法推荐服务相关规则,配备与算法推荐服务规模相适应的专业人员和技术支撑。

第二十九条 参与算法推荐服务安全评估和监督检查的相关机构和人员对在履行职责中知悉的个人隐私、个人信息和商业秘密应当依法予以保密,不得泄露或者非法向他人提供。

第三十一条 算法推荐服务提供者违反本规定第七条、第八条、第九条第一款、第十条、第十四条、第十六条、第十七条、第二十二条、第二十四条、第二十六条规定,法律、行政法规有规定的,依照其规定;法律、行政法规没有规定的,由网信部门和电信、公安、市场监管等有关部门依据职责给予警告、通报批评,责令限期改正;拒不改正或者情节严重的,责令暂停信息更新,并处一万元以上十万元以下罚款。构成违反治安管理行为的,依法给予治安管理处罚;构成犯罪的,依法追究刑事责任。

汽车数据安全管理若干规定（试行）

〔2021 年 8 月 16 日国家互联网信息办公室、中华人民共和国国家发展和改革委员会、中华人民共和国工业和信息化部、中华人民共和国公安部、中华人民共和国交通运输部令（第 7 号）公布　自 2021 年 10 月 1 日起施行〕

第一条　为了规范汽车数据处理活动，保护个人、组织的合法权益，维护国家安全和社会公共利益，促进汽车数据合理开发利用，根据《中华人民共和国网络安全法》、《中华人民共和国数据安全法》等法律、行政法规，制定本规定。

第二条　在中华人民共和国境内开展汽车数据处理活动及其安全监管，应当遵守相关法律、行政法规和本规定的要求。

第三条　本规定所称汽车数据，包括汽车设计、生产、销售、使用、运维等过程中的涉及个人信息数据和重要数据。

汽车数据处理，包括汽车数据的收集、存储、使用、加工、传输、提供、公开等。

汽车数据处理者，是指开展汽车数据处理活动的组织，包括汽车制造商、零部件和软件供应商、经销商、维修机构以及出行服务企业等。

个人信息，是指以电子或者其他方式记录的与已识别或者可识别的车主、驾驶人、乘车人、车外人员等有关的各种信息，不包括匿名化处理后的信息。

敏感个人信息，是指一旦泄露或者非法使用，可能导致车主、驾驶人、乘车人、车外人员等受到歧视或者人身、财产安全受到严重危害的个人信息，包括车辆行踪轨迹、音频、视频、图像和生物识别特征等信息。

重要数据是指一旦遭到篡改、破坏、泄露或者非法获取、非法利用，可能危害国家安全、公共利益或者个人、组织合法权益的数据，包括：

（一）军事管理区、国防科工单位以及县级以上党政机关等重要敏感区域的地理信息、人员流量、车辆流量等数据；

（二）车辆流量、物流等反映经济运行情况的数据；

（三）汽车充电网的运行数据；

（四）包含人脸信息、车牌信息等的车外视频、图像数据；

（五）涉及个人信息主体超过 10 万人的个人信息；

（六）国家网信部门和国务院发展改革、工业和信息化、公安、交通运输等有关部门确定的其他可能危害国家安全、公共利益或者个人、组织合法权益的数据。

第四条 汽车数据处理者处理汽车数据应当合法、正当、具体、明确，与汽车的设计、生产、销售、使用、运维等直接相关。

第五条 利用互联网等信息网络开展汽车数据处理活动，应当落实网络安全等级保护等制度，加强汽车数据保护，依法履行数据安全义务。

第六条 国家鼓励汽车数据依法合理有效利用，倡导汽车数据处理者在开展汽车数据处理活动中坚持：

（一）车内处理原则，除非确有必要不向车外提供；

（二）默认不收集原则，除非驾驶人自主设定，每次驾驶时默认设定为不收集状态；

（三）精度范围适用原则，根据所提供功能服务对数据精度的要求确定摄像头、雷达等的覆盖范围、分辨率；

（四）脱敏处理原则，尽可能进行匿名化、去标识化等处理。

第七条 汽车数据处理者处理个人信息应当通过用户手册、车载显示面板、语音、汽车使用相关应用程序等显著方式，告知个人以下事项：

（一）处理个人信息的种类，包括车辆行踪轨迹、驾驶习惯、音频、视频、图像和生物识别特征等；

（二）收集各类个人信息的具体情境以及停止收集的方式和途径；

（三）处理各类个人信息的目的、用途、方式；

（四）个人信息保存地点、保存期限，或者确定保存地点、保存期限的规则；

（五）查阅、复制其个人信息以及删除车内、请求删除已经提供给车外的个人信息的方式和途径；

（六）用户权益事务联系人的姓名和联系方式；

（七）法律、行政法规规定的应当告知的其他事项。

第八条 汽车数据处理者处理个人信息应当取得个人同意或者符合法律、行政法规规定的其他情形。

因保证行车安全需要，无法征得个人同意采集到车外个人信息且向车外提供的，应当进行匿名化处理，包括删除含有能够识别自然人的画面，或者对画面中的人脸信息等进行局部轮廓化处理等。

第九条 汽车数据处理者处理敏感个人信息，应当符合以下要求或者符合法律、行政法规和强制性国家标准等其他要求：

（一）具有直接服务于个人的目的,包括增强行车安全、智能驾驶、导航等;

（二）通过用户手册、车载显示面板、语音以及汽车使用相关应用程序等显著方式告知必要性以及对个人的影响;

（三）应当取得个人单独同意,个人可以自主设定同意期限;

（四）在保证行车安全的前提下,以适当方式提示收集状态,为个人终止收集提供便利;

（五）个人要求删除的,汽车数据处理者应当在十个工作日内删除。

汽车数据处理者具有增强行车安全的目的和充分的必要性,方可收集指纹、声纹、人脸、心律等生物识别特征信息。

第十条 汽车数据处理者开展重要数据处理活动,应当按照规定开展风险评估,并向省、自治区、直辖市网信部门和有关部门报送风险评估报告。

风险评估报告应当包括处理的重要数据的种类、数量、范围、保存地点与期限、使用方式,开展数据处理活动情况以及是否向第三方提供,面临的数据安全风险及其应对措施等。

第十一条 重要数据应当依法在境内存储,因业务需要确需向境外提供的,应当通过国家网信部门会同国务院有关部门组织的安全评估。未列入重要数据的涉及个人信息数据的出境安全管理,适用法律、行政法规的有关规定。

我国缔结或者参加的国际条约、协定有不同规定的,适用该国际条约、协定,但我国声明保留的条款除外。

第十二条 汽车数据处理者向境外提供重要数据,不得超出出境安全评估时明确的目的、范围、方式和数据种类、规模等。

国家网信部门会同国务院有关部门以抽查等方式核验前款规定事项,汽车数据处理者应当予以配合,并以可读等便利方式予以展示。

第十三条 汽车数据处理者开展重要数据处理活动,应当在每年十二月十五日前向省、自治区、直辖市网信部门和有关部门报送以下年度汽车数据安全管理情况:

（一）汽车数据安全管理负责人、用户权益事务联系人的姓名和联系方式;

（二）处理汽车数据的种类、规模、目的和必要性;

（三）汽车数据的安全防护和管理措施,包括保存地点、期限等;

（四）向境内第三方提供汽车数据情况;

（五）汽车数据安全事件和处置情况;

（六）汽车数据相关的用户投诉和处理情况;

（七）国家网信部门会同国务院工业和信息化、公安、交通运输等有关部门明确的其他汽车数据安全管理情况。

第十四条 向境外提供重要数据的汽车数据处理者应当在本规定第十三条要求的基础上,补充报告以下情况:

(一)接收者的基本情况;

(二)出境汽车数据的种类、规模、目的和必要性;

(三)汽车数据在境外的保存地点、期限、范围和方式;

(四)涉及向境外提供汽车数据的用户投诉和处理情况;

(五)国家网信部门会同国务院工业和信息化、公安、交通运输等有关部门明确的向境外提供汽车数据需要报告的其他情况。

第十五条 国家网信部门和国务院发展改革、工业和信息化、公安、交通运输等有关部门依据职责,根据处理数据情况对汽车数据处理者进行数据安全评估,汽车数据处理者应当予以配合。

参与安全评估的机构和人员不得披露评估中获悉的汽车数据处理者商业秘密、未公开信息,不得将评估中获悉的信息用于评估以外目的。

第十六条 国家加强智能(网联)汽车网络平台建设,开展智能(网联)汽车入网运行和安全保障服务等,协同汽车数据处理者加强智能(网联)汽车网络和汽车数据安全防护。

第十七条 汽车数据处理者开展汽车数据处理活动,应当建立投诉举报渠道,设置便捷的投诉举报入口,及时处理用户投诉举报。

开展汽车数据处理活动造成用户合法权益或者公共利益受到损害的,汽车数据处理者应当依法承担相应责任。

第十八条 汽车数据处理者违反本规定的,由省级以上网信、工业和信息化、公安、交通运输等有关部门依照《中华人民共和国网络安全法》、《中华人民共和国数据安全法》等法律、行政法规的规定进行处罚;构成犯罪的,依法追究刑事责任。

第十九条 本规定自 2021 年 10 月 1 日起施行。

网络交易监督管理办法（节录）

〔2021 年 3 月 15 日国家市场监督管理总局令（第 37 号）公布　自 2021 年 5 月 1 日起施行〕

第十三条　网络交易经营者收集、使用消费者个人信息，应当遵循合法、正当、必要的原则，明示收集、使用信息的目的、方式和范围，并经消费者同意。网络交易经营者收集、使用消费者个人信息，应当公开其收集、使用规则，不得违反法律、法规的规定和双方的约定收集、使用信息。

网络交易经营者不得采用一次概括授权、默认授权、与其他授权捆绑、停止安装使用等方式，强迫或者变相强迫消费者同意收集、使用与经营活动无直接关系的信息。收集、使用个人生物特征、医疗健康、金融账户、个人行踪等敏感信息的，应当逐项取得消费者同意。

网络交易经营者及其工作人员应当对收集的个人信息严格保密，除依法配合监管执法活动外，未经被收集者授权同意，不得向包括关联方在内的任何第三方提供。

第三十一条　网络交易平台经营者对平台内经营者身份信息的保存时间自其退出平台之日起不少于三年；对商品或者服务信息，支付记录、物流快递、退换货以及售后等交易信息的保存时间自交易完成之日起不少于三年。法律、行政法规另有规定的，依照其规定。

第三十四条　市场监督管理部门在依法开展监督检查、案件调查、事故处置、缺陷消费品召回、消费争议处理等监管执法活动时，可以要求网络交易平台经营者提供有关的平台内经营者身份信息，商品或者服务信息，支付记录、物流快递、退换货以及售后等交易信息。网络交易平台经营者应当提供，并在技术方面积极配合市场监督管理部门开展网络交易违法行为监测工作。

为网络交易经营者提供宣传推广、支付结算、物流快递、网络接入、服务器托管、虚拟主机、云服务、网站网页设计制作等服务的经营者（以下简称其他服务提供者），应当及时协助市场监督管理部门依法查处网络交易违法行为，提供其掌握的有关数据信息。法律、行政法规另有规定的，依照其规定。

市场监督管理部门发现网络交易经营者有违法行为,依法要求网络交易平台经营者、其他服务提供者采取措施制止的,网络交易平台经营者、其他服务提供者应当予以配合。

第三十六条　市场监督管理部门应当采取必要措施保护网络交易经营者提供的数据信息的安全,并对其中的个人信息、隐私和商业秘密严格保密。

第四十一条　网络交易经营者违反本办法第十一条、第十三条、第十六条、第十八条,法律、行政法规有规定的,依照其规定;法律、行政法规没有规定的,由市场监督管理部门依职责责令限期改正,可以处五千元以上三万元以下罚款。

第四十七条　网络交易平台经营者违反本办法第二十四条第一款、第二十五条第二款、第三十一条,不履行法定核验、登记义务,有关信息报送义务,商品和服务信息、交易信息保存义务的,依照《中华人民共和国电子商务法》第八十条的规定进行处罚。

侵害消费者权益行为处罚办法(节录)

(2015 年 1 月 5 日国家工商行政管理总局令第 73 号公布,根据 2020 年 10 月 23 日国家市场监督管理总局令第 31 号修订)

第十一条 经营者收集、使用消费者个人信息,应当遵循合法、正当、必要的原则,明示收集、使用信息的目的、方式和范围,并经消费者同意。经营者不得有下列行为:

(一)未经消费者同意,收集、使用消费者个人信息;

(二)泄露、出售或者非法向他人提供所收集的消费者个人信息;

(三)未经消费者同意或者请求,或者消费者明确表示拒绝,向其发送商业性信息。

前款中的消费者个人信息是指经营者在提供商品或者服务活动中收集的消费者姓名、性别、职业、出生日期、身份证件号码、住址、联系方式、收入和财产状况、健康状况、消费情况等能够单独或者与其他信息结合识别消费者的信息。

网络预约出租汽车经营服务
管理暂行办法(节录)

(2016 年 7 月 27 日交通运输部、工业和信息化部、公安部、商务部、工商总局、质检总局、国家网信办发布　根据 2019 年 12 月 28 日《交通运输部　工业和信息化部　公安部　商务部　市场监管总局国家网信办关于修改〈网络预约出租汽车经营服务管理暂行办法〉的决定》修正)

第十八条　网约车平台公司应当保证提供服务的驾驶员具有合法从业资格,按照有关法律法规规定,根据工作时长、服务频次等特点,与驾驶员签订多种形式的劳动合同或者协议,明确双方的权利和义务。网约车平台公司应当维护和保障驾驶员合法权益,开展有关法律法规、职业道德、服务规范、安全运营等方面的岗前培训和日常教育,保证线上提供服务的驾驶员与线下实际提供服务的驾驶员一致,并将驾驶员相关信息向服务所在地出租汽车行政主管部门报备。

网约车平台公司应当记录驾驶员、约车人在其服务平台发布的信息内容、用户注册信息、身份认证信息、订单日志、上网日志、网上交易日志、行驶轨迹日志等数据并备份。

第十九条　网约车平台公司应当公布确定符合国家有关规定的计程计价方式,明确服务项目和质量承诺,建立服务评价体系和乘客投诉处理制度,如实采集与记录驾驶员服务信息。在提供网约车服务时,提供驾驶员姓名、照片、手机号码和服务评价结果,以及车辆牌照等信息。

第二十六条　网约车平台公司应当通过其服务平台以显著方式将驾驶员、约车人和乘客等个人信息的采集和使用的目的、方式和范围进行告知。未经信息主体明示同意,网约车平台公司不得使用前述个人信息用于开展其他业务。

网约车平台公司采集驾驶员、约车人和乘客的个人信息,不得超越提供网约车业务所必需的范围。

除配合国家机关依法行使监督检查权或者刑事侦查权外,网约车平台公司不得向任何第三方提供驾驶员、约车人和乘客的姓名、联系方式、家庭住址、银行账户或者支付账户、地理位置、出行线路等个人信息,不得泄露地理坐标、地理标志物等涉及国家安全的敏感信息。发生信息泄露后,网约车平台公司应当及时向相关主管部门报告,并采取及时有效的补救措施。

第二十七条 网约车平台公司应当遵守国家网络和信息安全有关规定,所采集的个人信息和生成的业务数据,应当在中国内地存储和使用,保存期限不少于2年,除法律法规另有规定外,上述信息和数据不得外流。

网约车平台公司不得利用其服务平台发布法律法规禁止传播的信息,不得为企业、个人及其他团体、组织发布有害信息提供便利,并采取有效措施过滤阻断有害信息传播。发现他人利用其网络服务平台传播有害信息的,应当立即停止传输,保存有关记录,并向国家有关机关报告。

网约车平台公司应当依照法律规定,为公安机关依法开展国家安全工作,防范、调查违法犯罪活动提供必要的技术支持与协助。

第二十九条 出租汽车行政主管部门应当建设和完善政府监管平台,实现与网约车平台信息共享。共享信息应当包括车辆和驾驶员基本信息、服务质量以及乘客评价信息等。

出租汽车行政主管部门应当加强对网约车市场监管,加强对网约车平台公司、车辆和驾驶员的资质审查与证件核发管理。

出租汽车行政主管部门应当定期组织开展网约车服务质量测评,并及时向社会公布本地区网约车平台公司基本信息、服务质量测评结果、乘客投诉处理情况等信息。

出租汽车行政主管、公安等部门有权根据管理需要依法调取查阅管辖范围内网约车平台公司的登记、运营和交易等相关数据信息。

第三十条 通信主管部门和公安、网信部门应当按照各自职责,对网约车平台公司非法收集、存储、处理和利用有关个人信息、违反互联网信息服务有关规定、危害网络和信息安全、应用网约车服务平台发布有害信息或者为企业、个人及其他团体组织发布有害信息提供便利的行为,依法进行查处,并配合出租汽车行政主管部门对认定存在违法违规行为的网约车平台公司进行依法处置。

公安机关、网信部门应当按照各自职责监督检查网络安全管理制度和安全保护技术措施的落实情况,防范、查处有关违法犯罪活动。

第三十一条 发展改革、价格、通信、公安、人力资源社会保障、商务、人民银行、税务、市场监管、网信等部门按照各自职责,对网约车经营行为实施相关监督检查,并对违法行为依法处理。

第三十二条 各有关部门应当按照职责建立网约车平台公司和驾驶员信

用记录,并纳入全国信用信息共享平台。同时将网约车平台公司行政许可和行政处罚等信用信息在国家企业信用信息公示系统上予以公示。

第三十七条　网约车平台公司违反本规定第十、十八、二十六、二十七条有关规定的,由网信部门、公安机关和通信主管部门按各自职责依照相关法律法规规定给予处罚;给信息主体造成损失的,依法承担民事责任;涉嫌犯罪的,依法追究刑事责任。

网约车平台公司及网约车驾驶员违法使用或者泄露约车人、乘客个人信息的,由公安、网信等部门依照各自职责处以 2000 元以上 10000 元以下罚款;给信息主体造成损失的,依法承担民事责任;涉嫌犯罪的,依法追究刑事责任。

网约车平台公司拒不履行或者拒不按要求为公安机关依法开展国家安全工作,防范、调查违法犯罪活动提供技术支持与协助的,由公安机关依法予以处罚;构成犯罪的,依法追究刑事责任。

儿童个人信息网络保护规定

（2019 年 8 月 22 日国家互联网信息办公室令第 4 号公布　自 2019 年 10 月 1 日起施行）

第一条　为了保护儿童个人信息安全，促进儿童健康成长，根据《中华人民共和国网络安全法》《中华人民共和国未成年人保护法》等法律法规，制定本规定。

第二条　本规定所称儿童，是指不满十四周岁的未成年人。

第三条　在中华人民共和国境内通过网络从事收集、存储、使用、转移、披露儿童个人信息等活动，适用本规定。

第四条　任何组织和个人不得制作、发布、传播侵害儿童个人信息安全的信息。

第五条　儿童监护人应当正确履行监护职责，教育引导儿童增强个人信息保护意识和能力，保护儿童个人信息安全。

第六条　鼓励互联网行业组织指导推动网络运营者制定儿童个人信息保护的行业规范、行为准则等，加强行业自律，履行社会责任。

第七条　网络运营者收集、存储、使用、转移、披露儿童个人信息的，应当遵循正当必要、知情同意、目的明确、安全保障、依法利用的原则。

第八条　网络运营者应当设置专门的儿童个人信息保护规则和用户协议，并指定专人负责儿童个人信息保护。

第九条　网络运营者收集、使用、转移、披露儿童个人信息的，应当以显著、清晰的方式告知儿童监护人，并应当征得儿童监护人的同意。

第十条　网络运营者征得同意时，应当同时提供拒绝选项，并明确告知以下事项：

（一）收集、存储、使用、转移、披露儿童个人信息的目的、方式和范围；

（二）儿童个人信息存储的地点、期限和到期后的处理方式；

（三）儿童个人信息的安全保障措施；

（四）拒绝的后果；

（五）投诉、举报的渠道和方式；

（六）更正、删除儿童个人信息的途径和方法；

（七）其他应当告知的事项。

前款规定的告知事项发生实质性变化的，应当再次征得儿童监护人的同意。

第十一条　网络运营者不得收集与其提供的服务无关的儿童个人信息，不得违反法律、行政法规的规定和双方的约定收集儿童个人信息。

第十二条　网络运营者存储儿童个人信息，不得超过实现其收集、使用目的所必需的期限。

第十三条　网络运营者应当采取加密等措施存储儿童个人信息，确保信息安全。

第十四条　网络运营者使用儿童个人信息，不得违反法律、行政法规的规定和双方约定的目的、范围。因业务需要，确需超出约定的目的、范围使用的，应当再次征得儿童监护人的同意。

第十五条　网络运营者对其工作人员应当以最小授权为原则，严格设定信息访问权限，控制儿童个人信息知悉范围。工作人员访问儿童个人信息的，应当经过儿童个人信息保护负责人或者其授权的管理人员审批，记录访问情况，并采取技术措施，避免违法复制、下载儿童个人信息。

第十六条　网络运营者委托第三方处理儿童个人信息的，应当对受委托方及委托行为等进行安全评估，签署委托协议，明确双方责任、处理事项、处理期限、处理性质和目的等，委托行为不得超出授权范围。

前款规定的受委托方，应当履行以下义务：

（一）按照法律、行政法规的规定和网络运营者的要求处理儿童个人信息；

（二）协助网络运营者回应儿童监护人提出的申请；

（三）采取措施保障信息安全，并在发生儿童个人信息泄露安全事件时，及时向网络运营者反馈；

（四）委托关系解除时及时删除儿童个人信息；

（五）不得转委托；

（六）其他依法应当履行的儿童个人信息保护义务。

第十七条　网络运营者向第三方转移儿童个人信息的，应当自行或者委托第三方机构进行安全评估。

第十八条　网络运营者不得披露儿童个人信息，但法律、行政法规规定应当披露或者根据与儿童监护人的约定可以披露的除外。

第十九条　儿童或者其监护人发现网络运营者收集、存储、使用、披露的儿童个人信息有错误的，有权要求网络运营者予以更正。网络运营者应当及时采取措施予以更正。

第二十条 儿童或者其监护人要求网络运营者删除其收集、存储、使用、披露的儿童个人信息的,网络运营者应当及时采取措施予以删除,包括但不限于以下情形:

(一)网络运营者违反法律、行政法规的规定或者双方的约定收集、存储、使用、转移、披露儿童个人信息的;

(二)超出目的范围或者必要期限收集、存储、使用、转移、披露儿童个人信息的;

(三)儿童监护人撤回同意的;

(四)儿童或者其监护人通过注销等方式终止使用产品或者服务的。

第二十一条 网络运营者发现儿童个人信息发生或者可能发生泄露、毁损、丢失的,应当立即启动应急预案,采取补救措施;造成或者可能造成严重后果的,应当立即向有关主管部门报告,并将事件相关情况以邮件、信函、电话、推送通知等方式告知受影响的儿童及其监护人,难以逐一告知的,应当采取合理、有效的方式发布相关警示信息。

第二十二条 网络运营者应当对网信部门和其他有关部门依法开展的监督检查予以配合。

第二十三条 网络运营者停止运营产品或者服务的,应当立即停止收集儿童个人信息的活动,删除其持有的儿童个人信息,并将停止运营的通知及时告知儿童监护人。

第二十四条 任何组织和个人发现有违反本规定行为的,可以向网信部门和其他有关部门举报。

网信部门和其他有关部门收到相关举报的,应当依据职责及时进行处理。

第二十五条 网络运营者落实儿童个人信息安全管理责任不到位,存在较大安全风险或者发生安全事件的,由网信部门依据职责进行约谈,网络运营者应当及时采取措施进行整改,消除隐患。

第二十六条 违反本规定的,由网信部门和其他有关部门依据职责,根据《中华人民共和国网络安全法》《互联网信息服务管理办法》等相关法律法规规定处理;构成犯罪的,依法追究刑事责任。

第二十七条 违反本规定被追究法律责任的,依照有关法律、行政法规的规定记入信用档案,并予以公示。

第二十八条 通过计算机信息系统自动留存处理信息且无法识别所留存处理的信息属于儿童个人信息的,依照其他有关规定执行。

第二十九条 本规定自 2019 年 10 月 1 日起施行。

电信和互联网用户个人信息保护规定

（2013 年 7 月 16 日中华人民共和国工业和信息化部第 24 号令公布　自 2013 年 9 月 1 日起施行）

第一章　总　　则

第一条　为了保护电信和互联网用户的合法权益，维护网络信息安全，根据《全国人民代表大会常务委员会关于加强网络信息保护的决定》、《中华人民共和国电信条例》和《互联网信息服务管理办法》等法律、行政法规，制定本规定。

第二条　在中华人民共和国境内提供电信服务和互联网信息服务过程中收集、使用用户个人信息的活动，适用本规定。

第三条　工业和信息化部和各省、自治区、直辖市通信管理局（以下统称电信管理机构）依法对电信和互联网用户个人信息保护工作实施监督管理。

第四条　本规定所称用户个人信息，是指电信业务经营者和互联网信息服务提供者在提供服务的过程中收集的用户姓名、出生日期、身份证件号码、住址、电话号码、账号和密码等能够单独或者与其他信息结合识别用户的信息以及用户使用服务的时间、地点等信息。

第五条　电信业务经营者、互联网信息服务提供者在提供服务的过程中收集、使用用户个人信息，应当遵循合法、正当、必要的原则。

第六条　电信业务经营者、互联网信息服务提供者对其在提供服务过程中收集、使用的用户个人信息的安全负责。

第七条　国家鼓励电信和互联网行业开展用户个人信息保护自律工作。

第二章　信息收集和使用规范

第八条　电信业务经营者、互联网信息服务提供者应当制定用户个人信息收集、使用规则,并在其经营或者服务场所、网站等予以公布。

第九条 未经用户同意,电信业务经营者、互联网信息服务提供者不得收集、使用用户个人信息。

电信业务经营者、互联网信息服务提供者收集、使用用户个人信息的,应当明确告知用户收集、使用信息的目的、方式和范围,查询、更正信息的渠道以及拒绝提供信息的后果等事项。

电信业务经营者、互联网信息服务提供者不得收集其提供服务所必需以外的用户个人信息或者将信息用于提供服务之外的目的,不得以欺骗、误导或者强迫等方式或者违反法律、行政法规以及双方的约定收集、使用信息。

电信业务经营者、互联网信息服务提供者在用户终止使用电信服务或者互联网信息服务后,应当停止对用户个人信息的收集和使用,并为用户提供注销号码或者账号的服务。

法律、行政法规对本条第一款至第四款规定的情形另有规定的,从其规定。

第十条 电信业务经营者、互联网信息服务提供者及其工作人员对在提供服务过程中收集、使用的用户个人信息应当严格保密,不得泄露、篡改或者毁损,不得出售或者非法向他人提供。

第十一条 电信业务经营者、互联网信息服务提供者委托他人代理市场销售和技术服务等直接面向用户的服务性工作,涉及收集、使用用户个人信息的,应当对代理人的用户个人信息保护工作进行监督和管理,不得委托不符合本规定有关用户个人信息保护要求的代理人代办相关服务。

第十二条 电信业务经营者、互联网信息服务提供者应当建立用户投诉处理机制,公布有效的联系方式,接受与用户个人信息保护有关的投诉,并自接到投诉之日起十五日内答复投诉人。

第三章 安全保障措施

第十三条 电信业务经营者、互联网信息服务提供者应当采取以下措施防止用户个人信息泄露、毁损、篡改或者丢失:

(一)确定各部门、岗位和分支机构的用户个人信息安全管理责任;

(二)建立用户个人信息收集、使用及其相关活动的工作流程和安全管理制度;

(三)对工作人员及代理人实行权限管理,对批量导出、复制、销毁信息实行审查,并采取防泄密措施;

（四）妥善保管记录用户个人信息的纸介质、光介质、电磁介质等载体，并采取相应的安全储存措施；

（五）对储存用户个人信息的信息系统实行接入审查，并采取防入侵、防病毒等措施；

（六）记录对用户个人信息进行操作的人员、时间、地点、事项等信息；

（七）按照电信管理机构的规定开展通信网络安全防护工作；

（八）电信管理机构规定的其他必要措施。

第十四条　电信业务经营者、互联网信息服务提供者保管的用户个人信息发生或者可能发生泄露、毁损、丢失的，应当立即采取补救措施；造成或者可能造成严重后果的，应当立即向准予其许可或者备案的电信管理机构报告，配合相关部门进行的调查处理。

电信管理机构应当对报告或者发现的可能违反本规定的行为的影响进行评估；影响特别重大的，相关省、自治区、直辖市通信管理局应当向工业和信息化部报告。电信管理机构在依据本规定作出处理决定前，可以要求电信业务经营者和互联网信息服务提供者暂停有关行为，电信业务经营者和互联网信息服务提供者应当执行。

第十五条　电信业务经营者、互联网信息服务提供者应当对其工作人员进行用户个人信息保护相关知识、技能和安全责任培训。

第十六条　电信业务经营者、互联网信息服务提供者应当对用户个人信息保护情况每年至少进行一次自查，记录自查情况，及时消除自查中发现的安全隐患。

第四章　监督检查

第十七条　电信管理机构应当对电信业务经营者、互联网信息服务提供者保护用户个人信息的情况实施监督检查。

电信管理机构实施监督检查时，可以要求电信业务经营者、互联网信息服务提供者提供相关材料，进入其生产经营场所调查情况，电信业务经营者、互联网信息服务提供者应当予以配合。

电信管理机构实施监督检查，应当记录监督检查的情况，不得妨碍电信业务经营者、互联网信息服务提供者正常的经营或者服务活动，不得收取任何费用。

第十八条　电信管理机构及其工作人员对在履行职责中知悉的用户个人

信息应当予以保密,不得泄露、篡改或者毁损,不得出售或者非法向他人提供。

第十九条 电信管理机构实施电信业务经营许可及经营许可证年检时,应当对用户个人信息保护情况进行审查。

第二十条 电信管理机构应当将电信业务经营者、互联网信息服务提供者违反本规定的行为记入其社会信用档案并予以公布。

第二十一条 鼓励电信和互联网行业协会依法制定有关用户个人信息保护的自律性管理制度,引导会员加强自律管理,提高用户个人信息保护水平。

第五章 法律责任

第二十二条 电信业务经营者、互联网信息服务提供者违反本规定第八条、第十二条规定的,由电信管理机构依据职权责令限期改正,予以警告,可以并处一万元以下的罚款。

第二十三条 电信业务经营者、互联网信息服务提供者违反本规定第九条至第十一条、第十三条至第十六条、第十七条第二款规定的,由电信管理机构依据职权责令限期改正,予以警告,可以并处一万元以上三万元以下的罚款,向社会公告;构成犯罪的,依法追究刑事责任。

第二十四条 电信管理机构工作人员在对用户个人信息保护工作实施监督管理的过程中玩忽职守、滥用职权、徇私舞弊的,依法给予处理;构成犯罪的,依法追究刑事责任。

第六章 附 则

第二十五条 本规定自 2013 年 9 月 1 日起施行。

规范互联网信息服务市场秩序若干规定

(2011 年 12 月 29 日中华人民共和国工业和信息化部令第 20 号公布 自 2012 年 3 月 15 日起施行)

第一条 为了规范互联网信息服务市场秩序,保护互联网信息服务提供者和用户的合法权益,促进互联网行业的健康发展,根据《中华人民共和国电信条例》、《互联网信息服务管理办法》等法律、行政法规的规定,制定本规定。

第二条 在中华人民共和国境内从事互联网信息服务及与互联网信息服务有关的活动,应当遵守本规定。

第三条 工业和信息化部和各省、自治区、直辖市通信管理局(以下统称"电信管理机构")依法对互联网信息服务活动实施监督管理。

第四条 互联网信息服务提供者应当遵循平等、自愿、公平、诚信的原则提供服务。

第五条 互联网信息服务提供者不得实施下列侵犯其他互联网信息服务提供者合法权益的行为:

(一)恶意干扰用户终端上其他互联网信息服务提供者的服务,或者恶意干扰与互联网信息服务相关的软件等产品("与互联网信息服务相关的软件等产品"以下简称"产品")的下载、安装、运行和升级;

(二)捏造、散布虚假事实损害其他互联网信息服务提供者的合法权益,或者诋毁其他互联网信息服务提供者的服务或者产品;

(三)恶意对其他互联网信息服务提供者的服务或者产品实施不兼容;

(四)欺骗、误导或者强迫用户使用或者不使用其他互联网信息服务提供者的服务或者产品;

(五)恶意修改或者欺骗、误导、强迫用户修改其他互联网信息服务提供者的服务或者产品参数;

(六)其他违反国家法律规定,侵犯其他互联网信息服务提供者合法权益的行为。

第六条 对互联网信息服务提供者的服务或者产品进行评测,应当客观公正。

评测方公开或者向用户提供评测结果的,应当同时提供评测实施者、评测方法、数据来源、用户原始评价、评测手段和评测环境等与评测活动相关的信息。评测结果应当真实准确,与评测活动相关的信息应当完整全面。被评测的服务或者产品与评测方的服务或者产品相同或者功能类似的,评测结果中不得含有评测方的主观评价。

被评测方对评测结果有异议的,可以自行或者委托第三方就评测结果进行再评测,评测方应当予以配合。

评测方不得利用评测结果,欺骗、误导、强迫用户对被评测方的服务或者产品作出处置。

本规定所称评测,是指提供平台供用户评价,或者以其他方式对互联网信息服务或者产品的性能等进行评价和测试。

第七条 互联网信息服务提供者不得实施下列侵犯用户合法权益的行为:

(一)无正当理由拒绝、拖延或者中止向用户提供互联网信息服务或者产品;

(二)无正当理由限定用户使用或者不使用其指定的互联网信息服务或者产品;

(三)以欺骗、误导或者强迫等方式向用户提供互联网信息服务或者产品;

(四)提供的互联网信息服务或者产品与其向用户所作的宣传或者承诺不符;

(五)擅自改变服务协议或者业务规程,降低服务质量或者加重用户责任;

(六)与其他互联网信息服务提供者的服务或者产品不兼容时,未主动向用户提示和说明;

(七)未经提示并由用户主动选择同意,修改用户浏览器配置或者其他设置;

(八)其他违反国家法律规定,侵犯用户合法权益的行为。

第八条 互联网信息服务提供者在用户终端上进行软件下载、安装、运行、升级、卸载等操作的,应当提供明确、完整的软件功能等信息,并事先征得用户同意。

互联网信息服务提供者不得实施下列行为:

(一)欺骗、误导或者强迫用户下载、安装、运行、升级、卸载软件;

(二)未提供与软件安装方式同等或者更便捷的卸载方式;

(三)在未受其他软件影响和人为破坏的情况下,未经用户主动选择同意,软件卸载后有可执行代码或者其他不必要的文件驻留在用户终端。

第九条　互联网信息服务终端软件捆绑其他软件的,应当以显著的方式提示用户,由用户主动选择是否安装或者使用,并提供独立的卸载或者关闭方式,不得附加不合理条件。

第十条　互联网信息服务提供者在用户终端弹出广告或者其他与终端软件功能无关的信息窗口的,应当以显著的方式向用户提供关闭或者退出窗口的功能标识。

第十一条　未经用户同意,互联网信息服务提供者不得收集与用户相关、能够单独或者与其他信息结合识别用户的信息(以下简称"用户个人信息"),不得将用户个人信息提供给他人,但是法律、行政法规另有规定的除外。

互联网信息服务提供者经用户同意收集用户个人信息的,应当明确告知用户收集和处理用户个人信息的方式、内容和用途,不得收集其提供服务所必需以外的信息,不得将用户个人信息用于其提供服务之外的目的。

第十二条　互联网信息服务提供者应当妥善保管用户个人信息;保管的用户个人信息泄露或者可能泄露时,应当立即采取补救措施;造成或者可能造成严重后果的,应当立即向准予其互联网信息服务许可或者备案的电信管理机构报告,并配合相关部门进行的调查处理。

第十三条　互联网信息服务提供者应当加强系统安全防护,依法维护用户上载信息的安全,保障用户对上载信息的使用、修改和删除。

互联网信息服务提供者不得有下列行为:

(一)无正当理由擅自修改或者删除用户上载信息;

(二)未经用户同意,向他人提供用户上载信息,但是法律、行政法规另有规定的除外;

(三)擅自或者假借用户名义转移用户上载信息,或者欺骗、误导、强迫用户转移其上载信息;

(四)其他危害用户上载信息安全的行为。

第十四条　互联网信息服务提供者应当以显著的方式公布有效联系方式,接受用户及其他互联网信息服务提供者的投诉,并自接到投诉之日起十五日内作出答复。

第十五条　互联网信息服务提供者认为其他互联网信息服务提供者实施违反本规定的行为,侵犯其合法权益并对用户权益造成或者可能造成重大影响的,应当立即向准予该其他互联网信息服务提供者互联网信息服务许可或者备案的电信管理机构报告。

电信管理机构应当对报告或者发现的可能违反本规定的行为的影响进行评估;影响特别重大的,相关省、自治区、直辖市通信管理局应当向工业和信息化部报告。电信管理机构在依据本规定作出处理决定前,可以要求互联网信息服务提供者暂停有关行为,互联网信息服务提供者应当执行。

第十六条 互联网信息服务提供者违反本规定第五条、第七条或者第十三条的规定,由电信管理机构依据职权责令改正,处以警告,可以并处一万元以上三万元以下的罚款,向社会公告;其中,《中华人民共和国电信条例》或者《互联网信息服务管理办法》规定法律责任的,依照其规定处理。

第十七条 评测方违反本规定第六条的规定的,由电信管理机构依据职权处以警告,可以并处一万元以上三万元以下的罚款,向社会公告。

第十八条 互联网信息服务提供者违反本规定第八条、第九条、第十条、第十一条、第十二条或者第十四条的规定的,由电信管理机构依据职权处以警告,可以并处一万元以上三万元以下的罚款,向社会公告。

第十九条 互联网信息服务提供者违反本规定第十五条规定,不执行电信管理机构暂停有关行为的要求的,由电信管理机构依据职权处以警告,向社会公告。

第二十条 互联网信息服务提供者违反其他法律、行政法规规定的,依照其规定处理。

第二十一条 本规定自 2012 年 3 月 15 日起施行。

个人信用信息基础数据库
管理暂行办法

（2005 年 8 月 18 日中国人民银行令〔2005〕第 3 号发布　自 2005 年 10 月 1 日起实施）

第一章　总　　则

第一条　为维护金融稳定，防范和降低商业银行的信用风险，促进个人信贷业务的发展，保障个人信用信息的安全和合法使用，根据《中华人民共和国中国人民银行法》等有关法律规定，制定本办法。

第二条　中国人民银行负责组织商业银行建立个人信用信息基础数据库（以下简称个人信用数据库），并负责设立征信服务中心，承担个人信用数据库的日常运行和管理。

第三条　个人信用数据库采集、整理、保存个人信用信息，为商业银行和个人提供信用报告查询服务，为货币政策制定、金融监管和法律、法规规定的其他用途提供有关信息服务。

第四条　本办法所称个人信用信息包括个人基本信息、个人信贷交易信息以及反映个人信用状况的其他信息。

前款所称个人基本信息是指自然人身份识别信息、职业和居住地址等信息；个人信贷交易信息是指商业银行提供的自然人在个人贷款、贷记卡、准贷记卡、担保等信用活动中形成的交易记录；反映个人信用状况的其他信息是指除信贷交易信息之外的反映个人信用状况的相关信息。

第五条　中国人民银行、商业银行及其工作人员应当为在工作中知悉的个人信用信息保密。

第二章　报送和整理

第六条　商业银行应当遵守中国人民银行发布的个人信用数据库标准及其有关要求,准确、完整、及时地向个人信用数据库报送个人信用信息。

第七条　商业银行不得向未经信贷征信主管部门批准建立或变相建立的个人信用数据库提供个人信用信息。

第八条　征信服务中心应当建立完善的规章制度和采取先进的技术手段确保个人信用信息安全。

第九条　征信服务中心根据生成信用报告的需要,对商业银行报送的个人信用信息进行客观整理、保存,不得擅自更改原始数据。

第十条　征信服务中心认为有关商业银行报送的信息可疑时,应当按有关规定的程序及时向该商业银行发出复核通知。

商业银行应当在收到复核通知之日起 5 个工作日内给予答复。

第十一条　商业银行发现其所报送的个人信用信息不准确时,应当及时报告征信服务中心,征信服务中心收到纠错报告应当立即进行更正。

第三章　查　　询

第十二条　商业银行办理下列业务,可以向个人信用数据库查询个人信用报告:

(一)审核个人贷款申请的;

(二)审核个人贷记卡、准贷记卡申请的;

(三)审核个人作为担保人的;

(四)对已发放的个人信贷进行贷后风险管理的;

(五)受理法人或其他组织的贷款申请或其作为担保人,需要查询其法定代表人及出资人信用状况的。

第十三条　除本办法第十二条第(四)项规定之外,商业银行查询个人信用报告时应当取得被查询人的书面授权。书面授权可以通过在贷款、贷记卡、准贷记卡以及担保申请书中增加相应条款取得。

第十四条　商业银行应当制定贷后风险管理查询个人信用报告的内部授权制度和查询管理程序。

第十五条 征信服务中心可以根据个人申请有偿提供其本人信用报告。

征信服务中心应当制定相应的处理程序,核实申请人身份。

第四章 异议处理

第十六条 个人认为本人信用报告中的信用信息存在错误(以下简称异议信息)时,可以通过所在地中国人民银行征信管理部门或直接向征信服务中心提出书面异议申请。

中国人民银行征信管理部门应当在收到异议申请的 2 个工作日内将异议申请转交征信服务中心。

第十七条 征信服务中心应当在接到异议申请的 2 个工作日内进行内部核查。

征信服务中心发现异议信息是由于个人信用数据库信息处理过程造成的,应当立即进行更正,并检查个人信用数据库处理程序和操作规程存在的问题。

第十八条 征信服务中心内部核查未发现个人信用数据库处理过程存在问题的,应当立即书面通知提供相关信息的商业银行进行核查。

第十九条 商业银行应当在接到核查通知的 10 个工作日内向征信服务中心作出核查情况的书面答复。异议信息确实有误的,商业银行应当采取以下措施:

(一)应当向征信服务中心报送更正信息;

(二)检查个人信用信息报送的程序;

(三)对后续报送的其他个人信用信息进行检查,发现错误的,应当重新报送。

第二十条 征信服务中心收到商业银行重新报送的更正信息后,应当在 2 个工作日内对异议信息进行更正。

异议信息确实有误,但因技术原因暂时无法更正的,征信服务中心应当对该异议信息作特殊标注,以有别于其他异议信息。

第二十一条 经过核查,无法确认异议信息存在错误的,征信服务中心不得按照异议申请人要求更改相关个人信用信息。

第二十二条 征信服务中心应当在接受异议申请后 15 个工作日内,向异议申请人或转交异议申请的中国人民银行征信管理部门提供书面答复;异议信息得到更正的,征信服务中心同时提供更正后的信用报告。

异议信息确实有误,但因技术原因暂时无法更正异议信息的,征信服务中心应当在书面答复中予以说明,待异议信息更正后,提供更正后的信用报告。

第二十三条 转交异议申请的中国人民银行征信管理部门应当自接到征信服务中心书面答复和更正后的信用报告之日起2个工作日内,向异议申请人转交。

第二十四条 对于无法核实的异议信息,征信服务中心应当允许异议申请人对有关异议信息附注100字以内的个人声明。个人声明不得包含与异议信息无关的内容,异议申请人应当对个人声明的真实性负责。

征信服务中心应当妥善保存个人声明原始档案,并将个人声明载入异议人信用报告。

第二十五条 征信服务中心应当对处于异议处理期的信息予以标注。

第五章 安全管理

第二十六条 商业银行应当根据中国人民银行的有关规定,制定相关信用信息报送、查询、使用、异议处理、安全管理等方面的内部管理制度和操作规程,并报中国人民银行备案。

第二十七条 商业银行应当建立用户管理制度,明确管理员用户、数据上报用户和信息查询用户的职责及操作规程。

商业银行管理员用户、数据上报用户和查询用户不得互相兼职。

第二十八条 商业银行管理员用户应当根据操作规程,为得到相关授权的人员创建相应用户。管理员用户不得直接查询个人信用信息。

管理员用户应当加强对同级查询用户、数据上报用户与下一级管理员用户的日常管理。查询用户工作人员调离,该用户应当立即予以停用。

第二十九条 商业银行管理员用户、数据上报用户和查询用户须报中国人民银行征信管理部门和征信服务中心备案。

前款用户工作人员发生变动,商业银行应当在2个工作日内向中国人民银行征信管理部门和征信服务中心变更备案。

第三十条 商业银行应当制定管理员用户和查询用户的口令控制制度,并定期检查口令控制执行情况。

第三十一条 商业银行应当建立保证个人信用信息安全的管理制度,确保只有得到内部授权的人员才能接触个人信用报告,不得将个人信用报告用于本办法第十二条规定以外的其它用途。

第三十二条 征信服务中心应当制定信用信息采集、整理、保存、查询、异议处理、用户管理、安全管理等方面的管理制度和操作规程,明确岗位职责,完善内控制度,保障个人信用数据库的正常运行和个人信用信息的安全。

第三十三条 征信服务中心及其工作人员不得违反法律、法规及本办法的规定,篡改、毁损、泄露或非法使用个人信用信息,不得与自然人、法人、其它组织恶意串通,提供虚假信用报告。

第三十四条 征信服务中心应当建立个人信用数据库内部运行和外部访问的监控制度,监督个人信用数据库用户和商业银行用户的操作,防范对个人信用数据库的非法入侵。

第三十五条 征信服务中心应当建立灾难备份系统,采取必要的安全保障措施,防止系统数据丢失。

第三十六条 征信服务中心应当对商业银行的所有查询进行记录,并及时向商业银行反馈。

第三十七条 商业银行应当经常对个人信用数据库的查询情况进行检查,确保所有查询符合本办法的规定,并定期向中国人民银行及征信服务中心报告查询检查结果。

征信服务中心应当定期核查商业银行对个人信用数据库的查询情况。

第六章　罚　　则

第三十八条 商业银行未按照本办法规定建立相应管理制度及操作规程的,由中国人民银行责令改正,逾期不改正的,给予警告,并处以三万元罚款。

第三十九条 商业银行有下列情形之一的,由中国人民银行责令改正,并处一万元以上三万元以下罚款;涉嫌犯罪的,依法移交司法机关处理:

(一)违反本办法规定,未准确、完整、及时报送个人信用信息的;

(二)违反本办法第七条规定的;

(三)越权查询个人信用数据库的;

(四)将查询结果用于本办法规定之外的其他目的的;

(五)违反异议处理规定的;

(六)违反本办法安全管理要求的。

第四十条 商业银行有本办法第三十八条至第三十九条规定情形的,中国人民银行可以建议商业银行对直接负责的董事、高级管理人员和其他直接责任人员给予纪律处分;涉嫌犯罪的,依法移交司法机关处理。

第四十一条 征信服务中心工作人员有下列情形之一的,由中国人民银行

依法给予行政处分;涉嫌犯罪的,依法移交司法机关处理:

（一）违反本办法规定,篡改、毁损、泄露或非法使用个人信用信息的;

（二）与自然人、法人、其它组织恶意串通,提供虚假信用报告的。

第四十二条 中国人民银行其他工作人员有违反本办法规定的行为,造成个人信用信息被泄露的,依法给予行政处分;涉嫌犯罪的,依法移交司法机关处理。

第七章 附　　则

第四十三条 本办法所称商业银行,是指在中华人民共和国境内设立的商业银行、城市信用合作社、农村信用合作社以及经国务院银行业监督管理机构批准的专门从事信贷业务的其他金融机构。

第四十四条 本办法由中国人民银行负责解释。

第四十五条 本办法自 2005 年 10 月 1 日起施行。

第六部分

规范性文件

关于印发《常见类型移动互联网应用程序必要个人信息范围规定》的通知

国信办秘字〔2021〕14 号

各省、自治区、直辖市及新疆生产建设兵团网信办、通信管理局、公安厅（局）、市场监管局（厅、委）：

为贯彻落实《中华人民共和国网络安全法》关于"网络运营者收集、使用个人信息，应当遵循合法、正当、必要的原则""网络运营者不得收集与其提供的服务无关的个人信息"等规定，国家互联网信息办公室、工业和信息化部、公安部、国家市场监督管理总局联合制定了《常见类型移动互联网应用程序必要个人信息范围规定》，明确移动互联网应用程序（App）运营者不得因用户不同意收集非必要个人信息，而拒绝用户使用 App 基本功能服务。

现将《常见类型移动互联网应用程序必要个人信息范围规定》印发给你们，请指导督促本地区 App 运营者抓紧落实，并加强监督检查，及时调查、处理违法违规收集使用个人信息行为，切实维护公民在网络空间的合法权益。

特此通知。

国家互联网信息办公室秘书局
工业和信息化部办公厅
公安部办公厅
国家市场监督管理总局办公厅
2021 年 3 月 12 日

常见类型移动互联网应用程序必要个人信息范围规定

第一条 为了规范移动互联网应用程序（App）收集个人信息行为，保障公民个人信息安全，根据《中华人民共和国网络安全法》，制定本规定。

第二条 移动智能终端上运行的 App 存在收集用户个人信息行为的,应当遵守本规定。法律、行政法规、部门规章和规范性文件另有规定的,依照其规定。

App 包括移动智能终端预置、下载安装的应用软件,基于应用软件开放平台接口开发的、用户无需安装即可使用的小程序。

第三条 本规定所称必要个人信息,是指保障 App 基本功能服务正常运行所必需的个人信息,缺少该信息 App 即无法实现基本功能服务。具体是指消费侧用户个人信息,不包括服务供给侧用户个人信息。

第四条 App 不得因为用户不同意提供非必要个人信息,而拒绝用户使用其基本功能服务。

第五条 常见类型 App 的必要个人信息范围:

(一)地图导航类,基本功能服务为"定位和导航",必要个人信息为:位置信息、出发地、到达地。

(二)网络约车类,基本功能服务为"网络预约出租汽车服务、巡游出租汽车电召服务",必要个人信息包括:

1. 注册用户移动电话号码;

2. 乘车人出发地、到达地、位置信息、行踪轨迹;

3. 支付时间、支付金额、支付渠道等支付信息(网络预约出租汽车服务)。

(三)即时通信类,基本功能服务为"提供文字、图片、语音、视频等网络即时通信服务",必要个人信息包括:

1. 注册用户移动电话号码;

2. 账号信息:账号、即时通信联系人账号列表。

(四)网络社区类,基本功能服务为"博客、论坛、社区等话题讨论、信息分享和关注互动",必要个人信息为:注册用户移动电话号码。

(五)网络支付类,基本功能服务为"网络支付、提现、转账等功能",必要个人信息包括:

1. 注册用户移动电话号码;

2. 注册用户姓名、证件类型和号码、证件有效期限、银行卡号码。

(六)网上购物类,基本功能服务为"购买商品",必要个人信息包括:

1. 注册用户移动电话号码;

2. 收货人姓名(名称)、地址、联系电话;

3. 支付时间、支付金额、支付渠道等支付信息。

(七)餐饮外卖类,基本功能服务为"餐饮购买及外送",必要个人信息包括:

1. 注册用户移动电话号码；

2. 收货人姓名(名称)、地址、联系电话；

3. 支付时间、支付金额、支付渠道等支付信息。

(八)邮件快件寄递类,基本功能服务为"信件、包裹、印刷品等物品寄递服务",必要个人信息包括：

1. 寄件人姓名、证件类型和号码等身份信息；

2. 寄件人地址、联系电话；

3. 收件人姓名(名称)、地址、联系电话；

4. 寄递物品的名称、性质、数量。

(九)交通票务类,基本功能服务为"交通相关的票务服务及行程管理(如票务购买、改签、退票、行程管理等)",必要个人信息包括：

1. 注册用户移动电话号码；

2. 旅客姓名、证件类型和号码、旅客类型。旅客类型通常包括儿童、成人、学生等；

3. 旅客出发地、目的地、出发时间、车次/船次/航班号、席别/舱位等级、座位号(如有)、车牌号及车牌颜色(ETC 服务)；

4. 支付时间、支付金额、支付渠道等支付信息。

(十)婚恋相亲类,基本功能服务为"婚恋相亲",必要个人信息包括：

1. 注册用户移动电话号码；

2. 婚恋相亲人的性别、年龄、婚姻状况。

(十一)求职招聘类,基本功能服务为"求职招聘信息交换",必要个人信息包括：

1. 注册用户移动电话号码；

2. 求职者提供的简历。

(十二)网络借贷类,基本功能服务为"通过互联网平台实现的用于消费、日常生产经营周转等的个人申贷服务",必要个人信息包括：

1. 注册用户移动电话号码；

2. 借款人姓名、证件类型和号码、证件有效期限、银行卡号码。

(十三)房屋租售类,基本功能服务为"个人房源信息发布、房屋出租或买卖",必要个人信息包括：

1. 注册用户移动电话号码；

2. 房源基本信息:房屋地址、面积/户型、期望售价或租金。

(十四)二手车交易类,基本功能服务为"二手车买卖信息交换",必要个人信息包括：

1. 注册用户移动电话号码；

2. 购买方姓名、证件类型和号码；

3. 出售方姓名、证件类型和号码、车辆行驶证号、车辆识别号码。

（十五）问诊挂号类，基本功能服务为"在线咨询问诊、预约挂号"，必要个人信息包括：

1. 注册用户移动电话号码；

2. 挂号时需提供患者姓名、证件类型和号码、预约挂号的医院和科室；

3. 问诊时需提供病情描述。

（十六）旅游服务类，基本功能服务为"旅游服务产品信息的发布与订购"，必要个人信息包括：

1. 注册用户移动电话号码；

2. 出行人旅游目的地、旅游时间；

3. 出行人姓名、证件类型和号码、联系方式。

（十七）酒店服务类，基本功能服务为"酒店预订"，必要个人信息包括：

1. 注册用户移动电话号码；

2. 住宿人姓名和联系方式、入住和退房时间、入住酒店名称。

（十八）网络游戏类，基本功能服务为"提供网络游戏产品和服务"，必要个人信息为：注册用户移动电话号码。

（十九）学习教育类，基本功能服务为"在线辅导、网络课堂等"，必要个人信息为：注册用户移动电话号码。

（二十）本地生活类，基本功能服务为"家政维修、家居装修、二手闲置物品交易等日常生活服务"，必要个人信息为：注册用户移动电话号码。

（二十一）女性健康类，基本功能服务为"女性经期管理、备孕育儿、美容美体等健康管理服务"，无须个人信息，即可使用基本功能服务。

（二十二）用车服务类，基本功能服务为"共享单车、共享汽车、租赁汽车等服务"，必要个人信息包括：

1. 注册用户移动电话号码；

2. 使用共享汽车、租赁汽车服务用户的证件类型和号码，驾驶证件信息；

3. 支付时间、支付金额、支付渠道等支付信息；

4. 使用共享单车、分时租赁汽车服务用户的位置信息。

（二十三）投资理财类，基本功能服务为"股票、期货、基金、债券等相关投资理财服务"，必要个人信息包括：

1. 注册用户移动电话号码；

2. 投资理财用户姓名、证件类型和号码、证件有效期限、证件影印件；

3. 投资理财用户资金账户、银行卡号码或支付账号。

（二十四）手机银行类，基本功能服务为"通过手机等移动智能终端设备进行银行账户管理、信息查询、转账汇款等服务"，必要个人信息包括：

1. 注册用户移动电话号码；

2. 用户姓名、证件类型和号码、证件有效期限、证件影印件、银行卡号码、银行预留移动电话号码；

3. 转账时需提供收款人姓名、银行卡号码、开户银行信息。

（二十五）邮箱云盘类，基本功能服务为"邮箱、云盘等"，必要个人信息为：注册用户移动电话号码。

（二十六）远程会议类，基本功能服务为"通过网络提供音频或视频会议"，必要个人信息为：注册用户移动电话号码。

（二十七）网络直播类，基本功能服务为"向公众持续提供实时视频、音频、图文等形式信息浏览服务"，无须个人信息，即可使用基本功能服务。

（二十八）在线影音类，基本功能服务为"影视、音乐搜索和播放"，无须个人信息，即可使用基本功能服务。

（二十九）短视频类，基本功能服务为"不超过一定时长的视频搜索、播放"，无须个人信息，即可使用基本功能服务。

（三十）新闻资讯类，基本功能服务为"新闻资讯的浏览、搜索"，无须个人信息，即可使用基本功能服务。

（三十一）运动健身类，基本功能服务为"运动健身训练"，无须个人信息，即可使用基本功能服务。

（三十二）浏览器类，基本功能服务为"浏览互联网信息资源"，无须个人信息，即可使用基本功能服务。

（三十三）输入法类，基本功能服务为"文字、符号等输入"，无须个人信息，即可使用基本功能服务。

（三十四）安全管理类，基本功能服务为"查杀病毒、清理恶意插件、修复漏洞等"，无须个人信息，即可使用基本功能服务。

（三十五）电子图书类，基本功能服务为"电子图书搜索、阅读"，无须个人信息，即可使用基本功能服务。

（三十六）拍摄美化类，基本功能服务为"拍摄、美颜、滤镜等"，无须个人信息，即可使用基本功能服务。

（三十七）应用商店类，基本功能服务为"App 搜索、下载"，无须个人信息，即可使用基本功能服务。

（三十八）实用工具类，基本功能服务为"日历、天气、词典翻译、计算器、遥控器、手电筒、指南针、时钟闹钟、文件传输、文件管理、壁纸铃声、截图录屏、录音、文档处理、智能家居助手、星座性格测试等",无须个人信息,即可使用基本功能服务。

(三十九)演出票务类,基本功能服务为"演出购票",必要个人信息包括:

1. 注册用户移动电话号码;

2. 观演场次、座位号(如有);

3. 支付时间、支付金额、支付渠道等支付信息。

第六条 任何组织和个人发现违反本规定行为的,可以向相关部门举报。相关部门收到举报后,应当依法予以处理。

第七条 本规定自 2021 年 5 月 1 日起施行。

关于印发《App 违法违规收集使用个人信息行为认定方法》的通知

国信办秘字〔2019〕191 号

各省、自治区、直辖市及新疆生产建设兵团网信办、通信管理局、公安厅（局）、市场监管局（厅、委）：

　　根据《关于开展 App 违法违规收集使用个人信息专项治理的公告》，为认定 App 违法违规收集使用个人信息行为提供参考，落实《网络安全法》等法律法规，国家互联网信息办公室、工业和信息化部、公安部、市场监管总局联合制定了《App 违法违规收集使用个人信息行为认定方法》。现印发你们，请结合监管和执法工作实际参考执行。

国家互联网信息办公室秘书局
工业和信息化部办公厅
公安部办公厅
市场监管总局办公厅
2019 年 11 月 28 日

App 违法违规收集使用个人信息行为认定方法

　　根据《关于开展 App 违法违规收集使用个人信息专项治理的公告》，为监督管理部门认定 App 违法违规收集使用个人信息行为提供参考，为 App 运营者自查自纠和网民社会监督提供指引，落实《网络安全法》等法律法规，制定本方法。

　　一、以下行为可被认定为"未公开收集使用规则"

　　1. 在 App 中没有隐私政策，或者隐私政策中没有收集使用个人信息规则；

　　2. 在 App 首次运行时未通过弹窗等明显方式提示用户阅读隐私政策等收集使用规则；

3. 隐私政策等收集使用规则难以访问,如进入 App 主界面后,需多于 4 次点击等操作才能访问到;

4. 隐私政策等收集使用规则难以阅读,如文字过小过密、颜色过淡、模糊不清,或未提供简体中文版等。

二、以下行为可被认定为"未明示收集使用个人信息的目的、方式和范围"

1. 未逐一列出 App(包括委托的第三方或嵌入的第三方代码、插件)收集使用个人信息的目的、方式、范围等;

2. 收集使用个人信息的目的、方式、范围发生变化时,未以适当方式通知用户,适当方式包括更新隐私政策等收集使用规则并提醒用户阅读等;

3. 在申请打开可收集个人信息的权限,或申请收集用户身份证号、银行账号、行踪轨迹等个人敏感信息时,未同步告知用户其目的,或者目的不明确、难以理解;

4. 有关收集使用规则的内容晦涩难懂、冗长繁琐,用户难以理解,如使用大量专业术语等。

三、以下行为可被认定为"未经用户同意收集使用个人信息"

1. 征得用户同意前就开始收集个人信息或打开可收集个人信息的权限;

2. 用户明确表示不同意后,仍收集个人信息或打开可收集个人信息的权限,或频繁征求用户同意、干扰用户正常使用;

3. 实际收集的个人信息或打开的可收集个人信息权限超出用户授权范围;

4. 以默认选择同意隐私政策等非明示方式征求用户同意;

5. 未经用户同意更改其设置的可收集个人信息权限状态,如 App 更新时自动将用户设置的权限恢复到默认状态;

6. 利用用户个人信息和算法定向推送信息,未提供非定向推送信息的选项;

7. 以欺诈、诱骗等不正当方式误导用户同意收集个人信息或打开可收集个人信息的权限,如故意欺瞒、掩饰收集使用个人信息的真实目的;

8. 未向用户提供撤回同意收集个人信息的途径、方式;

9. 违反其所声明的收集使用规则,收集使用个人信息。

四、以下行为可被认定为"违反必要原则,收集与其提供的服务无关的个人信息"

1. 收集的个人信息类型或打开的可收集个人信息权限与现有业务功能无关;

2. 因用户不同意收集非必要个人信息或打开非必要权限,拒绝提供业务功能;

3.App 新增业务功能申请收集的个人信息超出用户原有同意范围,若用户不同意,则拒绝提供原有业务功能,新增业务功能取代原有业务功能的除外;

4. 收集个人信息的频度等超出业务功能实际需要;

5. 仅以改善服务质量、提升用户体验、定向推送信息、研发新产品等为由,强制要求用户同意收集个人信息;

6. 要求用户一次性同意打开多个可收集个人信息的权限,用户不同意则无法使用。

五、以下行为可被认定为"未经同意向他人提供个人信息"

1. 既未经用户同意,也未做匿名化处理,App 客户端直接向第三方提供个人信息,包括通过客户端嵌入的第三方代码、插件等方式向第三方提供个人信息;

2. 既未经用户同意,也未做匿名化处理,数据传输至 App 后台服务器后,向第三方提供其收集的个人信息;

3.App 接入第三方应用,未经用户同意,向第三方应用提供个人信息。

六、以下行为可被认定为"未按法律规定提供删除或更正个人信息功能"或"未公布投诉、举报方式等信息"

1. 未提供有效的更正、删除个人信息及注销用户账号功能;

2. 为更正、删除个人信息或注销用户账号设置不必要或不合理条件;

3. 虽提供了更正、删除个人信息及注销用户账号功能,但未及时响应用户相应操作,需人工处理的,未在承诺时限内(承诺时限不得超过 15 个工作日,无承诺时限的,以 15 个工作日为限)完成核查和处理;

4. 更正、删除个人信息或注销用户账号等用户操作已执行完毕,但 App 后台并未完成的;

5. 未建立并公布个人信息安全投诉、举报渠道,或未在承诺时限内(承诺时限不得超过 15 个工作日,无承诺时限的,以 15 个工作日为限)受理并处理的。

信息安全技术 个人信息安全规范

GB/T 35273—2020

(国家市场监督管理总局、国家标准化管理委员会发布 2020 年 3 月 6 日发布 自 2020 年 10 月 1 日起施行)

前 言

本标准按照 GB/T 1.1—2009 给出的规则起草。

本标准代替 GB/T 35273—2017《信息安全技术个人信息安全规范》,与 GB/T 35273—2017 相比,主要技术变化如下:

——增加了"多项业务功能的自主选择"(见 5.3);

——修改了"征得授权同意的例外"(见 5.6,2017 年版的 5.4);

——增加了"用户画像的使用限制"(见 7.4);

——增加了"个性化展示的使用"(见 7.5);

——增加了"基于不同业务目所收集个人信息的汇聚融合"(见 7.6);

——修改了"个人信息主体注销账户"(见 8.5,2017 年版的 7.8);

——增加了"第三方接入管理"(见 9.7);

——修改了"明确责任部门与人员"(见 11.1,2017 年版的 10.1);

——增加了"个人信息安全工程"(见 11.2);

——增加了"个人信息处理活动记录"(见 11.3);

——修改了"实现个人信息主体自主意愿的方法"(见附录 C,2017 年版的附录 C)。

请注意本文件的某些内容可能涉及专利。本文件的发布机构不承担识别这些专利的责任。

本标准由全国信息安全标准化技术委员会(SAC/TC260)提出并归口。

本标准起草单位:中国电子技术标准化研究院、北京信息安全测评中心、颐信科技有限公司、四川大学、清华大学、中国信息通信研究院、公安部第一研究所、中国网络安全审查技术与认证中心、深圳腾讯计算机系统有限公司、上海国际问题研究院、阿里巴巴(北京)软件服务有限公司、中电长城网际系统应用有限公司、阿里云计算有限公司、华为技术有限公司、强韵数据科技有限公司。

本标准主要起草人:洪延青、何延哲、杨建军、钱秀槟、陈兴蜀、刘贤刚、上官晓丽、高林、邵正强、金涛、胡影、赵冉冉、韩煜、陈湉、高磊、张晓梅、张志强、葛鑫、周晨炜、秦小伟、邵华、蔡晓丹、黄晓林、顾伟、黄劲、李媛、许静慧、赵章界、孔耀晖、范红、杜跃进、杨思磊、张亚男、叶晓俊、郑斌、闵京华、鲁传颖、周亚超、杨露、王海舟、王建民、秦颂、姚相振、葛小宇、王道奎、沈锡镛。

本标准所代替标准的历次版本发布情况为:
——GB/T 35273—2017。

引　言

近年,随着信息技术的快速发展和互联网应用的普及,越来越多的组织大量收集、使用个人信息,给人们生活带来便利的同时,也出现了对个人信息的非法收集、滥用、泄露等问题,个人信息安全面临严重威胁。

本标准针对个人信息面临的安全问题,根据《中华人民共和国网络安全法》等相关法律,规范个人信息控制者在收集、存储、使用、共享、转让、公开披露等信息处理环节中的相关行为,旨在遏制个人信息非法收集、滥用、泄漏等乱象,最大程度地保障个人的合法权益和社会公共利益。

对标准中的具体事项,法律法规另有规定的,需遵照其规定执行。

1 范围

本标准规定了开展收集、存储、使用、共享、转让、公开披露、删除等个人信息处理活动应遵循的原则和安全要求。

本标准适用于规范各类组织的个人信息处理活动,也适用于主管监管部门、第三方评估机构等组织对个人信息处理活动进行监督、管理和评估。

2 规范性引用文件

下列文件对于本文件的应用是必不可少的。凡是注日期的引用文件,仅注日期的版本适用于本文件。凡是不注日期的引用文件,其最新版本(包括所有的修改单)适用于本文件。

GB/T 25069—2010 信息安全技术 术语

3 术语和定义

GB/T 25069—2010 界定的以及下列术语和定义适用于本文件。

3.1

个人信息 personal information

以电子或者其他方式记录的能够单独或者与其他信息结合识别特定自然

人身份或者反映特定自然人活动情况的各种信息。

注 1：

个人信息包括姓名、出生日期、身份证件号码、个人生物识别信息、住址、通信通讯联系方式、通信记录和内容、账号密码、财产信息、征信信息、行踪轨迹、住宿信息、健康生理信息、交易信息等。

注 2：

关于个人信息的判定方法和类型参见附录 A。

注 3：

个人信息控制者通过个人信息或其他信息加工处理后形成的信息,例如,用户画像或特征标签,能够单独或者与其他信息结合识别特定自然人身份或者反映特定自然人活动情况的,属于个人信息。

3.2

个人敏感信息 personal sensitive information

一旦泄露、非法提供或滥用可能危害人身和财产安全,极易导致个人名誉、身心健康受到损害或歧视性待遇等的个人信息。

注 1：

个人敏感信息包括身份证件号码、个人生物识别信息、银行账户、通信记录和内容、财产信息、征信信息、行踪轨迹、住宿信息、健康生理信息、交易信息、14岁以下(含)儿童的个人信息等。

注 2：

关于个人敏感信息的判定方法和类型参见附录 B。

注 3：

个人信息控制者通过个人信息或其他信息加工处理后形成的信息,如一旦泄露、非法提供或滥用可能危害人身和财产安全,极易导致个人名誉、身心健康受到损害或歧视性待遇等的,属于个人敏感信息。

3.3

个人信息主体 personal information subject

个人信息所标识或者关联的自然人。

3.4

个人信息控制者 personal information controller

有能力决定个人信息处理目的、方式等的组织或个人。

3.5

收集 collect

获得个人信息的控制权的行为。

注 1：

包括由个人信息主体主动提供、通过与个人信息主体交互或记录个人信息主体行为等自动采集行为，以及通过共享、转让、搜集公开信息等间接获取个人信息等行为。

注 2：

如果产品或服务的提供者提供工具供个人信息主体使用，提供者不对个人信息进行访问的，则不属于本标准所称的收集。例如，离线导航软件在终端获取个人信息主体位置信息后，如果不回传至软件提供者，则不属于个人信息主体位置信息的收集。

3.6

明示同意　explicit consent

个人信息主体通过书面、口头等方式主动作出纸质或电子形式的声明，或者自主作出肯定性动作，对其个人信息进行特定处理作出明确授权的行为。

注：

肯定性动作包括个人信息主体主动勾选、主动点击"同意""注册""发送""拨打"、主动填写或提供等。

3.7

授权同意　consent

个人信息主体对其个人信息进行特定处理作出明确授权的行为。

注：

包括通过积极的行为作出授权（即明示同意），或者通过消极的不作为而作出授权（如信息采集区域内的个人信息主体在被告知信息收集行为后没有离开该区域）。

3.8

用户画像　user profiling

通过收集、汇聚、分析个人信息，对某特定自然人个人特征，如职业、经济、健康、教育、个人喜好、信用、行为等方面作出分析或预测，形成其个人特征模型的过程。

注：

直接使用特定自然人的个人信息，形成该自然人的特征模型，称为直接用户画像。使用来源于特定自然人以外的个人信息，如其所在群体的数据，形成该自然人的特征模型，称为间接用户画像。

3.9

个人信息安全影响评估　personal information security impact assessment

针对个人信息处理活动，检验其合法合规程度，判断其对个人信息主体合法权益造成损害的各种风险,以及评估用于保护个人信息主体的各项措施有效性的过程。

3.10

删除 delete

在实现日常业务功能所涉及的系统中去除个人信息的行为,使其保持不可被检索、访问的状态。

3.11

公开披露 public disclosure

向社会或不特定人群发布信息的行为。

3.12

转让 transfer of control

将个人信息控制权由一个控制者向另一个控制者转移的过程。

3.13

共享 sharing

个人信息控制者向其他控制者提供个人信息,且双方分别对个人信息拥有独立控制权的过程。

3.14

匿名化 anonymization

通过对个人信息的技术处理,使得个人信息主体无法被识别或者关联,且处理后的信息不能被复原的过程。

注:

个人信息经匿名化处理后所得的信息不属于个人信息。

3.15

去标识化 de-identification

通过对个人信息的技术处理,使其在不借助额外信息的情况下,无法识别或者关联个人信息主体的过程。

注:

去标识化建立在个体基础之上,保留了个体颗粒度,采用假名、加密、哈希函数等技术手段替代对个人信息的标识。

3.16

个性化展示 personalized display

基于特定个人信息主体的网络浏览历史、兴趣爱好、消费记录和习惯等个人信息,向该个人信息主体展示信息内容、提供商品或服务的搜索结果等活动。

3.17

业务功能 business function

满足个人信息主体的具体使用需求的服务类型。

注:

如地图导航、网络约车、即时通讯、网络社区、网络支付、新闻资讯、网上购物、快递配送、交通票务等。

4 个人信息安全基本原则

个人信息控制者开展个人信息处理活动应遵循合法、正当、必要的原则,具体包括:

a)权责一致——采取技术和其他必要的措施保障个人信息的安全,对其个人信息处理活动对个人信息主体合法权益造成的损害承担责任;

b)目的明确——具有明确、清晰、具体的个人信息处理目的;

c)选择同意——向个人信息主体明示个人信息处理目的、方式、范围等规则,征求其授权同意;

d)最小必要——只处理满足个人信息主体授权同意的目的所需的最少个人信息类型和数量。目的达成后,应及时删除个人信息;

e)公开透明——以明确、易懂和合理的方式公开处理个人信息的范围、目的、规则等,并接受外部监督;

f)确保安全——具备与所面临的安全风险相匹配的安全能力,并采取足够的管理措施和技术手段,保护个人信息的保密性、完整性、可用性;

g)主体参与——向个人信息主体提供能够查询、更正、删除其个人信息,以及撤回授权同意、注销账户、投诉等方法。

5 个人信息的收集

5.1 收集个人信息的合法性

对个人信息控制者的要求包括:

a)不应以欺诈、诱骗、误导的方式收集个人信息;

b)不应隐瞒产品或服务所具有的收集个人信息的功能;

c)不应从非法渠道获取个人信息。

5.2 收集个人信息的最小必要

对个人信息控制者的要求包括:

a)收集的个人信息的类型应与实现产品或服务的业务功能有直接关联;直接关联是指没有上述个人信息的参与,产品或服务的功能无法实现;

b)自动采集个人信息的频率应是实现产品或服务的业务功能所必需的最低频率;

c)间接获取个人信息的数量应是实现产品或服务的业务功能所必需的最少数量。

5.3 多项业务功能的自主选择

当产品或服务提供多项需收集个人信息的业务功能时,个人信息控制者不应违背个人信息主体的自主意愿,强迫个人信息主体接受产品或服务所提供的业务功能及相应的个人信息收集请求。对个人信息控制者的要求包括:

a)不应通过捆绑产品或服务各项业务功能的方式,要求个人信息主体一次性接受并授权同意其未申请或使用的业务功能收集个人信息的请求;

b)应把个人信息主体自主作出的肯定性动作,如主动点击、勾选、填写等,作为产品或服务的特定业务功能的开启条件。个人信息控制者应仅在个人信息主体开启该业务功能后,开始收集个人信息;

c)关闭或退出业务功能的途径或方式应与个人信息主体选择使用业务功能的途径或方式同样方便。个人信息主体选择关闭或退出特定业务功能后,个人信息控制者应停止该业务功能的个人信息收集活动;

d)个人信息主体不授权同意使用、关闭或退出特定业务功能的,不应频繁征求个人信息主体的授权同意;

e)个人信息主体不授权同意使用、关闭或退出特定业务功能的,不应暂停个人信息主体自主选择使用的其他业务功能,或降低其他业务功能的服务质量;

f)不得仅以改善服务质量、提升使用体验、研发新产品、增强安全性等为由,强制要求个人信息主体同意收集个人信息。

5.4 收集个人信息时的授权同意

对个人信息控制者的要求包括:

a)收集个人信息,应向个人信息主体告知收集、使用个人信息的目的、方式和范围等规则,并获得个人信息主体的授权同意;

注1:

如产品或服务仅提供一项收集、使用个人信息的业务功能时,个人信息控制者可通过个人信息保护政策的形式,实现向个人信息主体的告知;产品或服务提供多项收集、使用个人信息的业务功能的,除个人信息保护政策外,个人信息控制者宜在实际开始收集特定个人信息时,向个人信息主体提供收集、使用该个人信息的目的、方式和范围,以便个人信息主体在作出具体的授权同意前,能充分考虑对其的具体影响。

注2:

符合5.3和a)要求的实现方法,可参考附录C。

　　b)收集个人敏感信息前,应征得个人信息主体的明示同意,并应确保个人信息主体的明示同意是其在完全知情的基础上自主给出的、具体的、清晰明确的意愿表示;

　　c)收集个人生物识别信息前,应单独向个人信息主体告知收集、使用个人生物识别信息的目的、方式和范围,以及存储时间等规则,并征得个人信息主体的明示同意;

　　注:

　　个人生物识别信息包括个人基因、指纹、声纹、掌纹、耳廓、虹膜、面部识别特征等。

　　d)收集年满14周岁未成年人的个人信息前,应征得未成年人或其监护人的明示同意;不满14周岁的,应征得其监护人的明示同意;

　　e)间接获取个人信息时:

　　1)应要求个人信息提供方说明个人信息来源,并对其个人信息来源的合法性进行确认;

　　2)应了解个人信息提供方已获得的个人信息处理的授权同意范围,包括使用目的,个人信息主体是否授权同意转让、共享、公开披露、删除等;

　　3)如开展业务所需进行的个人信息处理活动超出已获得的授权同意范围的,应在获取个人信息后的合理期限内或处理个人信息前,征得个人信息主体的明示同意,或通过个人信息提供方征得个人信息主体的明示同意。

5.5　个人信息保护政策

对个人信息控制者的要求包括:

a)应制定个人信息保护政策,内容应包括但不限于:

　　1)个人信息控制者的基本情况,包括主体身份、联系方式;

　　2)收集、使用个人信息的业务功能,以及各业务功能分别收集的个人信息类型。涉及个人敏感信息的,需明确标识或突出显示;

　　3)个人信息收集方式、存储期限、涉及数据出境情况等个人信息处理规则;

　　4)对外共享、转让、公开披露个人信息的目的、涉及的个人信息类型、接收个人信息的第三方类型,以及各自的安全和法律责任;

　　5)个人信息主体的权利和实现机制,如查询方法、更正方法、删除方法、注销账户的方法、撤回授权同意的方法、获取个人信息副本的方法、对信息系统自动决策结果进行投诉的方法等;

　　6)提供个人信息后可能存在的安全风险,及不提供个人信息可能产生的影响;

　　7)遵循的个人信息安全基本原则,具备的数据安全能力,以及采取的个

人信息安全保护措施,必要时可公开数据安全和个人信息保护相关的合规证明;

　　8)处理个人信息主体询问、投诉的渠道和机制,以及外部纠纷解决机构及联络方式。

　　b)个人信息保护政策所告知的信息应真实、准确、完整;

　　c)个人信息保护政策的内容应清晰易懂,符合通用的语言习惯,使用标准化的数字、图示等,避免使用有歧义的语言;

　　d)个人信息保护政策应公开发布且易于访问,例如,在网站主页、移动互联网应用程序安装页、附录C中的交互界面或设计等显著位置设置链接;

　　e)个人信息保护政策应逐一送达个人信息主体。当成本过高或有显著困难时,可以公告的形式发布;

　　f)在a)所载事项发生变化时,应及时更新个人信息保护政策并重新告知个人信息主体。

　　注1:

　　组织会习惯性将个人信息保护政策命名为"隐私政策"或其他名称,其内容宜与个人信息保护政策内容保持一致。

　　注2:

　　个人信息保护政策的内容可参考附录D。

　　注3:

　　在个人信息主体首次打开产品或服务、注册账户等情形时,宜通过弹窗等形式主动向其展示个人信息保护政策的主要或核心内容,帮助个人信息主体理解该产品或服务的个人信息处理范围和规则,并决定是否继续使用该产品或服务。

5.6 征得授权同意的例外

　　以下情形中,个人信息控制者收集、使用个人信息不必征得个人信息主体的授权同意:

　　a)与个人信息控制者履行法律法规规定的义务相关的;

　　b)与国家安全、国防安全直接相关的;

　　c)与公共安全、公共卫生、重大公共利益直接相关的;

　　d)与刑事侦查、起诉、审判和判决执行等直接相关的;

　　e)出于维护个人信息主体或其他个人的生命、财产等重大合法权益但又很难得到本人授权同意的;

　　f)所涉及的个人信息是个人信息主体自行向社会公众公开的;

　　g)根据个人信息主体要求签订和履行合同所必需的;

注：

个人信息保护政策的主要功能为公开个人信息控制者收集、使用个人信息范围和规则，不宜将其视为合同。

h）从合法公开披露的信息中收集个人信息的，如合法的新闻报道、政府信息公开等渠道；

i）维护所提供产品或服务的安全稳定运行所必需的，如发现、处置产品或服务的故障；

j）个人信息控制者为新闻单位，且其开展合法的新闻报道所必需的；

k）个人信息控制者为学术研究机构，出于公共利益开展统计或学术研究所必要，且其对外提供学术研究或描述的结果时，对结果中所包含的个人信息进行去标识化处理的。

6 个人信息的存储

6.1 个人信息存储时间最小化

对个人信息控制者的要求包括：

a）个人信息存储期限应为实现个人信息主体授权使用的目的所必需的最短时间，法律法规另有规定或者个人信息主体另行授权同意的除外；

b）超出上述个人信息存储期限后，应对个人信息进行删除或匿名化处理。

6.2 去标识化处理

收集个人信息后，个人信息控制者宜立即进行去标识化处理，并采取技术和管理方面的措施，将可用于恢复识别个人的信息与去标识化后的信息分开存储并加强访问和使用的权限管理。

6.3 个人敏感信息的传输和存储

对个人信息控制者的要求包括：

a）传输和存储个人敏感信息时，应采用加密等安全措施；

注：

采用密码技术时宜遵循密码管理相关国家标准。

b）个人生物识别信息应与个人身份信息分开存储；

c）原则上不应存储原始个人生物识别信息（如样本、图像等），可采取的措施包括但不限于：

1）仅存储个人生物识别信息的摘要信息；

2）在采集终端中直接使用个人生物识别信息实现身份识别、认证等功能；

3）在使用面部识别特征、指纹、掌纹、虹膜等实现识别身份、认证等功能后删除可提取个人生物识别信息的原始图像。

注1：

摘要信息通常具有不可逆特点，无法回溯到原始信息。

注2：

个人信息控制者履行法律法规规定的义务相关的情形除外。

6.4 个人信息控制者停止运营

当个人信息控制者停止运营其产品或服务时，应：

a）及时停止继续收集个人信息；

b）将停止运营的通知以逐一送达或公告的形式通知个人信息主体；

c）对其所持有的个人信息进行删除或匿名化处理。

7 个人信息的使用

7.1 个人信息访问控制措施

对个人信息控制者的要求包括：

a）对被授权访问个人信息的人员，应建立最小授权的访问控制策略，使其只能访问职责所需的最小必要的个人信息，且仅具备完成职责所需的最少的数据操作权限；

b）对个人信息的重要操作设置内部审批流程，如进行批量修改、拷贝、下载等重要操作；

c）对安全管理人员、数据操作人员、审计人员的角色进行分离设置；

d）确因工作需要，需授权特定人员超权限处理个人信息的，应经个人信息保护责任人或个人信息保护工作机构进行审批，并记录在册；

注：

个人信息保护责任人或个人信息保护工作机构的确定见11.1。

e）对个人敏感信息的访问、修改等操作行为，宜在对角色权限控制的基础上，按照业务流程的需求触发操作授权。例如，当收到客户投诉，投诉处理人员才可访问该个人信息主体的相关信息。

7.2 个人信息的展示限制

涉及通过界面展示个人信息的（如显示屏幕、纸面），个人信息控制者宜对需展示的个人信息采取去标识化处理等措施，降低个人信息在展示环节的泄露风险。例如，在个人信息展示时，防止内部非授权人员及个人信息主体之外的其他人员未经授权获取个人信息。

7.3 个人信息使用的目的限制

对个人信息控制者的要求包括：

a）使用个人信息时，不应超出与收集个人信息时所声称的目的具有直接或合理关联的范围。因业务需要，确需超出上述范围使用个人信息的，应再次征得个人信息主体明示同意；

注1：

将所收集的个人信息用于学术研究或得出对自然、科学、社会、经济等现象总体状态的描述,属于与收集目的具有合理关联的范围之内。但对外提供学术研究或描述的结果时,需对结果中所包含的个人信息进行去标识化处理。

b)如所收集的个人信息进行加工处理而产生的信息,能够单独或与其他信息结合识别特定自然人身份或者反映特定自然人活动情况的,应将其认定为个人信息。对其处理应遵循收集个人信息时获得的授权同意范围。

注2：

加工处理而产生的个人信息属于个人敏感信息的,对其处理需符合对个人敏感信息的要求。

7.4 用户画像的使用限制

对个人信息控制者的要求包括：

a)用户画像中对个人信息主体的特征描述,不应：

1)包含淫秽、色情、赌博、迷信、恐怖、暴力的内容；

2)表达对民族、种族、宗教、残疾、疾病歧视的内容。

b)在业务运营或对外业务合作中使用用户画像的,不应：

1)侵害公民、法人和其他组织的合法权益；

2)危害国家安全、荣誉和利益,煽动颠覆国家政权、推翻社会主义制度,煽动分裂国家、破坏国家统一,宣扬恐怖主义、极端主义,宣扬民族仇恨、民族歧视,传播暴力、淫秽色情信息,编造、传播虚假信息扰乱经济秩序和社会秩序。

c)除为实现个人信息主体授权同意的使用目的所必需外,使用个人信息时应消除明确身份指向性,避免精确定位到特定个人。例如,为准确评价个人信用状况,可使用直接用户画像,而用于推送商业广告目的时,则宜使用间接用户画像。

7.5 个性化展示的使用

对个人信息控制者的要求包括：

a)在向个人信息主体提供业务功能的过程中使用个性化展示的,应显著区分个性化展示的内容和非个性化展示的内容；

注1：

显著区分的方式包括但不限于:标明"定推"等字样,或通过不同的栏目、版块、页面分别展示等。

b)在向个人信息主体提供电子商务服务的过程中,根据消费者的兴趣爱好、消费习惯等特征向其提供商品或者服务搜索结果的个性化展示的,应当同时向该消费者提供不针对其个人特征的选项；

注2：

基于个人信息主体所选择的特定地理位置进行展示、搜索结果排序，且不因个人信息主体身份不同展示不一样的内容和搜索结果排序，则属于不针对其个人特征的选项。

c）在向个人信息主体推送新闻信息服务的过程中使用个性化展示的，应：

1）为个人信息主体提供简单直观的退出或关闭个性化展示模式的选项；

2）当个人信息主体选择退出或关闭个性化展示模式时，向个人信息主体提供删除或匿名化定向推送活动所基于的个人信息的选项。

d）在向个人信息主体提供业务功能的过程中使用个性化展示的，宜建立个人信息主体对个性化展示所依赖的个人信息（如标签、画像维度等）的自主控制机制，保障个人信息主体调控个性化展示相关性程度的能力。

7.6 基于不同业务目的所收集个人信息的汇聚融合

对个人信息控制者的要求包括：

a）应遵守7.3的要求；

b）应根据汇聚融合后个人信息所用于的目的，开展个人信息安全影响评估，采取有效的个人信息保护措施。

7.7 信息系统自动决策机制的使用

个人信息控制者业务运营所使用的信息系统，具备自动决策机制且能对个人信息主体权益造成显著影响的（例如，自动决定个人征信及贷款额度，或用于面试人员的自动化筛选等），应：

a）在规划设计阶段或首次使用前开展个人信息安全影响评估，并依评估结果采取有效的保护个人信息主体的措施；

b）在使用过程中定期（至少每年一次）开展个人信息安全影响评估，并依评估结果改进保护个人信息主体的措施；

c）向个人信息主体提供针对自动决策结果的投诉渠道，并支持对自动决策结果的人工复核。

8 个人信息主体的权利

8.1 个人信息查询

个人信息控制者应向个人信息主体提供查询下列信息的方法：

a）其所持有的关于该主体的个人信息或个人信息的类型；

b）上述个人信息的来源、所用于的目的；

c）已经获得上述个人信息的第三方身份或类型。

注：

个人信息主体提出查询非其主动提供的个人信息时，个人信息控制者可在综合考虑不响应请求可能对个人信息主体合法权益带来的风险和损害,以及技术可行性、实现请求的成本等因素后,作出是否响应的决定,并给出解释说明。

8.2 个人信息更正

个人信息主体发现个人信息控制者所持有的该主体的个人信息有错误或不完整的,个人信息控制者应为其提供请求更正或补充信息的方法。

8.3 个人信息删除

对个人信息控制者的要求包括:

a)符合以下情形,个人信息主体要求删除的,应及时删除个人信息:

1)个人信息控制者违反法律法规规定,收集、使用个人信息的;

2)个人信息控制者违反与个人信息主体的约定,收集、使用个人信息的。

b)个人信息控制者违反法律法规规定或违反与个人信息主体的约定向第三方共享、转让个人信息,且个人信息主体要求删除的,个人信息控制者应立即停止共享、转让的行为,并通知第三方及时删除;

c)个人信息控制者违反法律法规规定或违反与个人信息主体的约定,公开披露个人信息,且个人信息主体要求删除的,个人信息控制者应立即停止公开披露的行为,并发布通知要求相关接收方删除相应的信息。

8.4 个人信息主体撤回授权同意

对个人信息控制者的要求包括:

a)应向个人信息主体提供撤回收集、使用其个人信息的授权同意的方法。撤回授权同意后,个人信息控制者后续不应再处理相应的个人信息;

b)应保障个人信息主体拒绝接收基于其个人信息推送商业广告的权利。对外共享、转让、公开披露个人信息,应向个人信息主体提供撤回授权同意的方法。

注:

撤回授权同意不影响撤回前基于授权同意的个人信息处理。

8.5 个人信息主体注销账户

对个人信息控制者的要求包括:

a)通过注册账户提供产品或服务的个人信息控制者,应向个人信息主体提供注销账户的方法,且方法简便易操作;

b)受理注销账户请求后,需要人工处理的,应在承诺时限内(不超过15个工作日)完成核查和处理;

c)注销过程如需进行身份核验,要求个人信息主体再次提供的个人信息类型不应多于注册、使用等服务环节收集的个人信息类型;

d)注销过程不应设置不合理的条件或提出额外要求增加个人信息主体义

务,如注销单个账户视同注销多个产品或服务,要求个人信息主体填写精确的历史操作记录作为注销的必要条件等;

注1:

多个产品或服务之间存在必要业务关联关系的,例如,一旦注销某个产品或服务的账户,将会导致其他产品或服务的必要业务功能无法实现或者服务质量明显下降的,需向个人信息主体进行详细说明。

注2:

产品或服务没有独立的账户体系的,可采取对该产品或服务账号以外其他个人信息进行删除,并切断账户体系与产品或服务的关联等措施实现注销。

e) 注销账户的过程需收集个人敏感信息核验身份时,应明确对收集个人敏感信息后的处理措施,如达成目的后立即删除或匿名化处理等;

f) 个人信息主体注销账户后,应及时删除其个人信息或匿名化处理。因法律规规定需要留存个人信息的,不能再次将其用于日常业务活动中。

8.6 个人信息主体获取个人信息副本

根据个人信息主体的请求,个人信息控制者宜为个人信息主体提供获取以下类型个人信息副本的方法,或在技术可行的前提下直接将以下类型个人信息的副本传输给个人信息主体指定的第三方:

a) 本人的基本资料、身份信息;

b) 本人的健康生理信息、教育工作信息。

8.7 响应个人信息主体的请求

对个人信息控制者的要求包括:

a) 在验证个人信息主体身份后,应及时响应个人信息主体基于8.1~8.6提出的请求,应在三十天内或法律法规规定的期限内作出答复及合理解释,并告知个人信息主体外部纠纷解决途径;

b) 采用交互式页面(如网站、移动互联网应用程序、客户端软件等)提供产品或服务的,宜直接设置便捷的交互式页面提供功能或选项,便于个人信息主体在线行使其访问、更正、删除、撤回授权同意、注销账户等权利;

c) 对合理的请求原则上不收取费用,但对一定时期内多次重复的请求,可视情收取一定成本费用;

d) 直接实现个人信息主体的请求需要付出高额成本或存在其他显著困难的,个人信息控制者应向个人信息主体提供替代方法,以保障个人信息主体的合法权益;

e) 以下情行可不响应个人信息主体基于8.1~8.6提出的请求,包括:

1) 与个人信息控制者履行法律法规规定的义务相关的;

2）与国家安全、国防安全直接相关的；

3）与公共安全、公共卫生、重大公共利益直接相关的；

4）与刑事侦查、起诉、审判和执行判决等直接相关的；

5）个人信息控制者有充分证据表明个人信息主体存在主观恶意或滥用权利的；

6）出于维护个人信息主体或其他个人的生命、财产等重大合法权益但又很难得到本人授权同意的；

7）响应个人信息主体的请求将导致个人信息主体或其他个人、组织的合法权益受到严重损害的；

8）涉及商业秘密的。

f) 如决定不响应个人信息主体的请求，应向个人信息主体告知该决定的理由，并向个人信息主体提供投诉的途径。

8.8 投诉管理

个人信息控制者应建立投诉管理机制和投诉跟踪流程，并在合理的时间内对投诉进行响应。

9 个人信息的委托处理、共享、转让、公开披露

9.1 委托处理

个人信息控制者委托第三方处理个人信息时，应符合以下要求：

a) 个人信息控制者作出委托行为，不应超出已征得个人信息主体授权同意的范围或应遵守 5.6 所列情形；

b) 个人信息控制者应对委托行为进行个人信息安全影响评估，确保受委托者达到 11.5 的数据安全能力要求；

c) 受委托者应：

1）严格按照个人信息控制者的要求处理个人信息。受委托者因特殊原因未按照个人信息控制者的要求处理个人信息的，应及时向个人信息控制者反馈；

2）受委托者确需再次委托时，应事先征得个人信息控制者的授权；

3）协助个人信息控制者响应个人信息主体基于 8.1～8.6 提出的请求；

4）受委托者在处理个人信息过程中无法提供足够的安全保护水平或发生了安全事件的，应及时向个人信息控制者反馈；

5）在委托关系解除时不再存储相关个人信息。

d) 个人信息控制者应对受委托者进行监督，方式包括但不限于：

1）通过合同等方式规定受委托者的责任和义务；

2）对受委托者进行审计。

e)个人信息控制者应准确记录和存储委托处理个人信息的情况;

f)个人信息控制者得知或者发现受委托者未按照委托要求处理个人信息,或未能有效履行个人信息安全保护责任的,应立即要求受托者停止相关行为,且采取或要求受委托者采取有效补救措施(如更改口令、回收权限、断开网络连接等)控制或消除个人信息面临的安全风险。必要时个人信息控制者应终止与受委托者的业务关系,并要求受委托者及时删除从个人信息控制者获得的个人信息。

9.2 个人信息共享、转让

个人信息控制者共享、转让个人信息时,应充分重视风险。共享、转让个人信息,非因收购、兼并、重组、破产原因的,应符合以下要求:

a)事先开展个人信息安全影响评估,并依评估结果采取有效的保护个人信息主体的措施;

b)向个人信息主体告知共享、转让个人信息的目的、数据接收方的类型以及可能产生的后果,并事先征得个人信息主体的授权同意。共享、转让经去标识化处理的个人信息,且确保数据接收方无法重新识别或者关联个人信息主体的除外;

c)共享、转让个人敏感信息前,除 b)中告知的内容外,还应向个人信息主体告知涉及的个人敏感信息类型、数据接收方的身份和数据安全能力,并事先征得个人信息主体的明示同意;

d)通过合同等方式规定数据接收方的责任和义务;

e)准确记录和存储个人信息的共享、转让情况,包括共享、转让的日期、规模、目的,以及数据接收方基本情况等;

f)个人信息控制者发现数据接收方违反法律法规要求或双方约定处理个人信息的,应立即要求数据接收方停止相关行为,且采取或要求数据接收方采取有效补救措施(如更改口令、回收权限、断开网络连接等)控制或消除个人信息面临的安全风险;必要时个人信息控制者应解除与数据接收方的业务关系,并要求数据接收方及时删除从个人信息控制者获得的个人信息;

g)因共享、转让个人信息发生安全事件而对个人信息主体合法权益造成损害的,个人信息控制者应承担相应的责任;

h)帮助个人信息主体了解数据接收方对个人信息的存储、使用等情况,以及个人信息主体的权利,例如,访问、更正、删除、注销账户等;

i)个人生物识别信息原则上不应共享、转让。因业务需要,确需共享、转让的,应单独向个人信息主体告知目的、涉及的个人生物识别信息类型、数据接收方的具体身份和数据安全能力等,并征得个人信息主体的明示同意。

9.3 收购、兼并、重组、破产时的个人信息转让

当个人信息控制者发生收购、兼并、重组、破产等变更时,对个人信息控制者的要求包括:

a)向个人信息主体告知有关情况;

b)变更后的个人信息控制者应继续履行原个人信息控制者的责任和义务,如变更个人信息使用目的时,应重新取得个人信息主体的明示同意;

c)如破产且无承接方的,对数据做删除处理。

9.4 个人信息公开披露

个人信息原则上不应公开披露。个人信息控制者经法律授权或具备合理事由确需公开披露时,应符合以下要求:

a)事先开展个人信息安全影响评估,并依评估结果采取有效的保护个人信息主体的措施;

b)向个人信息主体告知公开披露个人信息的目的、类型,并事先征得个人信息主体明示同意;

c)公开披露个人敏感信息前,除 b)中告知的内容外,还应向个人信息主体告知涉及的个人敏感信息的内容;

d)准确记录和存储个人信息的公开披露的情况,包括公开披露的日期、规模、目的、公开范围等;

e)承担因公开披露个人信息对个人信息主体合法权益造成损害的相应责任;

f)不应公开披露个人生物识别信息;

g)不应公开披露我国公民的种族、民族、政治观点、宗教信仰等个人敏感数据的分析结果。

9.5 共享、转让、公开披露个人信息时事先征得授权同意的例外

以下情形中,个人信息控制者共享、转让、公开披露个人信息不必事先征得个人信息主体的授权同意:

a)与个人信息控制者履行法律法规规定的义务相关的;

b)与国家安全、国防安全直接相关的;

c)与公共安全、公共卫生、重大公共利益直接相关的;

d)与刑事侦查、起诉、审判和判决执行等直接相关的;

e)出于维护个人信息主体或其他个人的生命、财产等重大合法权益但又很难得到本人授权同意的;

f)个人信息主体自行向社会公众公开的个人信息;

g)从合法公开披露的信息中收集个人信息的,如合法的新闻报道、政府信息公开等渠道。

9.6 共同个人信息控制者

对个人信息控制者的要求包括：

a) 当个人信息控制者与第三方为共同个人信息控制者时，个人信息控制者应通过合同等形式与第三方共同确定应满足的个人信息安全要求，以及在个人信息安全方面自身和第三方应分别承担的责任和义务，并向个人信息主体明确告知；

b) 如未向个人信息主体明确告知第三方身份，以及在个人信息安全方面自身和第三方应分别承担的责任和义务，个人信息控制者应承担因第三方引起的个人信息安全责任。

注：

如个人信息控制者在提供产品或服务的过程中部署了收集个人信息的第三方插件（例如，网站经营者与在其网页或应用程序中部署统计分析工具、软件开发工具包 SDK、调用地图 API 接口），且该第三方并未单独向个人信息主体征得收集个人信息的授权同意，则个人信息控制者与该第三方在个人信息收集阶段为共同个人信息控制者。

9.7 第三方接入管理

当个人信息控制者在其产品或服务中接入具备收集个人信息功能的第三方产品或服务且不适用 9.1 和 9.6 时，对个人信息控制者的要求包括：

a) 建立第三方产品或服务接入管理机制和工作流程，必要时应建立安全评估等机制设置接入条件；

b) 应与第三方产品或服务提供者通过合同等形式明确双方的安全责任及应实施的个人信息安全措施；

c) 应向个人信息主体明确标识产品或服务由第三方提供；

d) 应妥善留存平台第三方接入有关合同和管理记录，确保可供相关方查阅；

e) 应要求第三方根据本标准相关要求向个人信息主体征得收集个人信息的授权同意，必要时核验其实现的方式；

f) 应要求第三方产品或服务建立响应个人信息主体请求和投诉等的机制，以供个人信息主体查询、使用；

g) 应监督第三方产品或服务提供者加强个人信息安全管理，发现第三方产品或服务没有落实安全管理要求和责任的，应及时督促整改，必要时停止接入；

h) 产品或服务嵌入或接入第三方自动化工具（如代码、脚本、接口、算法模型、软件开发工具包、小程序等）的，宜采取以下措施：

1) 开展技术检测确保其个人信息收集、使用行为符合约定要求；

2）对第三方嵌入或接入的自动化工具收集个人信息的行为进行审计,发现超出约定的行为,及时切断接入。

9.8 个人信息跨境传输

在中华人民共和国境内运营中收集和产生的个人信息向境外提供的,个人信息控制者应遵循国家相关规定和相关标准的要求。

10 个人信息安全事件处置

10.1 个人信息安全事件应急处置和报告

对个人信息控制者的要求包括:

a）应制定个人信息安全事件应急预案;

b）应定期(至少每年一次)组织内部相关人员进行应急响应培训和应急演练,使其掌握岗位职责和应急处置策略和规程;

c）发生个人信息安全事件后,个人信息控制者应根据应急响应预案进行以下处置:

1）记录事件内容,包括但不限于:发现事件的人员、时间、地点,涉及的个人信息及人数,发生事件的系统名称,对其他互联系统的影响,是否已联系执法机关或有关部门;

2）评估事件可能造成的影响,并采取必要措施控制事态,消除隐患;

3）按照《国家网络安全事件应急预案》等有关规定及时上报,报告内容包括但不限于:涉及个人信息主体的类型、数量、内容、性质等总体情况,事件可能造成的影响,已采取或将要采取的处置措施,事件处置相关人员的联系方式;

4）个人信息泄露事件可能会给个人信息主体的合法权益造成严重危害的,如个人敏感信息的泄露,按照10.2的要求实施安全事件的告知。

d）根据相关法律法规变化情况,以及事件处置情况,及时更新应急预案。

10.2 安全事件告知

对个人信息控制者的要求包括:

a）应及时将事件相关情况以邮件、信函、电话、推送通知等方式告知受影响的个人信息主体。难以逐一告知个人信息主体时,应采取合理、有效的方式发布与公众有关的警示信息;

b）告知内容应包括但不限于:

1）安全事件的内容和影响;

2）已采取或将要采取的处置措施;

3）个人信息主体自主防范和降低风险的建议;

4）针对个人信息主体提供的补救措施;

5）个人信息保护负责人和个人信息保护工作机构的联系方式。

11 组织的个人信息安全管理要求

11.1 明确责任部门与人员

对个人信息控制者的要求包括：

a) 应明确其法定代表人或主要负责人对个人信息安全负全面领导责任,包括为个人信息安全工作提供人力、财力、物力保障等;

b) 应任命个人信息保护负责人和个人信息保护工作机构,个人信息保护负责人应由具有相关管理工作经历和个人信息保护专业知识的人员担任,参与有关个人信息处理活动的重要决策直接向组织主要负责人报告工作;

c) 满足以下条件之一的组织,应设立专职的个人信息保护负责人和个人信息保护工作机构,负责个人信息安全工作:

1) 主要业务涉及个人信息处理,且从业人员规模大于 200 人;

2) 处理超过 100 万人的个人信息,或预计在 12 个月内处理超过 100 万人的个人信息;

3) 处理超过 10 万人的个人敏感信息的。

d) 个人信息保护负责人和个人信息保护工作机构的职责应包括但不限于:

1) 全面统筹实施组织内部的个人信息安全工作,对个人信息安全负直接责任;

2) 组织制定个人信息保护工作计划并督促落实;

3) 制定、签发、实施、定期更新个人信息保护政策和相关规程;

4) 建立、维护和更新组织所持有的个人信息清单(包括个人信息的类型、数量、来源、接收方等)和授权访问策略;

5) 开展个人信息安全影响评估,提出个人信息保护的对策建议,督促整改安全隐患;

6) 组织开展个人信息安全培训;

7) 在产品或服务上线发布前进行检测,避免未知的个人信息收集、使用、共享等处理行为;

8) 公布投诉、举报方式等信息并及时受理投诉举报;

9) 进行安全审计;

10) 与监督、管理部门保持沟通,通报或报告个人信息保护和事件处置等情况。

e) 应为个人信息保护负责人和个人信息保护工作机构提供必要的资源,保障其独立履行职责。

11.2 个人信息安全工程

开发具有处理个人信息功能的产品或服务时,个人信息控制者宜根据国家有关标准在需求、设计、开发、测试、发布等系统工程阶段考虑个人信息保护要求,保证在系统建设时对个人信息保护措施同步规划、同步建设和同步使用。

11.3 个人信息处理活动记录

个人信息控制者宜建立、维护和更新所收集、使用的个人信息处理活动记录,记录的内容可包括:

a)所涉及个人信息的类型、数量、来源(如从个人信息主体直接收集或通过间接获取方式获得);

b)根据业务功能和授权情况区分个人信息的处理目的、使用场景,以及委托处理、共享、转让、公开披露、是否涉及出境等情况;

c) 与个人信息处理活动各环节相关的信息系统、组织或人员。

11.4 开展个人信息安全影响评估

对个人信息控制者的要求包括:

a)应建立个人信息安全影响评估制度,评估并处置个人信息处理活动存在的安全风险;

b)个人信息安全影响评估应主要评估处理活动遵循个人信息安全基本原则的情况,以及个人信息处理活动对个人信息主体合法权益的影响,内容包括但不限于:

1)个人信息收集环节是否遵循目的明确、选择同意、最小必要等原则;

2)个人信息处理是否可能对个人信息主体合法权益造成不利影响,包括是否会危害人身和财产安全、损害个人名誉和身心健康、导致差别性待遇等;

3)个人信息安全措施的有效性;

4)匿名化或去标识化处理后的数据集重新识别出个人信息主体或与其他数据集汇聚后重新识别出个人信息主体的风险;

5)共享、转让、公开披露个人信息对个人信息主体合法权益可能产生的不利影响;

6)发生安全事件时,对个人信息主体合法权益可能产生的不利影响。

c)在产品或服务发布前,或业务功能发生重大变化时,应进行个人信息安全影响评估;

d)在法律法规有新的要求时,或在业务模式、信息系统、运行环境发生重大变更时,或发生重大个人信息安全事件时,应进行个人信息安全影响评估;

e)形成个人信息安全影响评估报告,并以此采取保护个人信息主体的措施,使风险降低到可接受的水平;

f)妥善留存个人信息安全影响评估报告,确保可供相关方查阅,并以适宜的形式对外公开。

11.5 数据安全能力

个人信息控制者应根据有关国家标准的要求,建立适当的数据安全能力,落实必要的管理和技术措施,防止个人信息的泄漏、损毁、丢失、篡改。

11.6 人员管理与培训

对个人信息控制者的要求包括:

a)应与从事个人信息处理岗位上的相关人员签署保密协议,对大量接触个人敏感信息的人员进行背景审查,以了解其犯罪记录、诚信状况等;

b)应明确内部涉及个人信息处理不同岗位的安全职责,建立发生安全事件的处罚机制;

c)应要求个人信息处理岗位上的相关人员在调离岗位或终止劳动合同时,继续履行保密义务;

d)应明确可能访问个人信息的外部服务人员应遵守的个人信息安全要求,与其签署保密协议,并进行监督;

e)应建立相应的内部制度和政策对员工提出个人信息保护的指引和要求;

f)应定期(至少每年一次)或在个人信息保护政策发生重大变化时,对个人信息处理岗位上的相关人员开展个人信息安全专业化培训和考核,确保相关人员熟练掌握个人信息保护政策和相关规程。

11.7 安全审计

对个人信息控制者的要求包括:

a)应对个人信息保护政策、相关规程和安全措施的有效性进行审计;

b)应建立自动化审计系统,监测记录个人信息处理活动;

c)审计过程形成的记录应能对安全事件的处置、应急响应和事后调查提供支撑;

d)应防止非授权访问、篡改或删除审计记录;

e)应及时处理审计过程中发现的个人信息违规使用、滥用等情况;

f)审计记录和留存时间应符合法律法规的要求。

中央网络安全和信息化委员会办公室关于做好个人信息保护利用大数据支撑联防联控工作的通知

（2020 年 2 月 4 日）

各省、自治区、直辖市网络安全和信息化委员会，中央和国家机关有关部委：

为做好新型冠状病毒感染肺炎疫情联防联控中的个人信息保护，积极利用包括个人信息在内的大数据支撑联防联控工作，经中央网络安全和信息化委员会同意，现将有关事项通知如下：

1. 各地方各部门要高度重视个人信息保护工作，除国务院卫生健康部门依据《中华人民共和国网络安全法》《中华人民共和国传染病防治法》《突发公共卫生事件应急条例》授权的机构外，其他任何单位和个人不得以疫情防控、疾病防治为由，未经被收集者同意收集使用个人信息。法律、行政法规另有规定的，按其规定执行。

2. 收集联防联控所必需的个人信息应参照国家标准《个人信息安全规范》，坚持最小范围原则，收集对象原则上限于确诊者、疑似者、密切接触者等重点人群，一般不针对特定地区的所有人群，防止形成对特定地域人群的事实上歧视。

3. 为疫情防控、疾病防治收集的个人信息，不得用于其他用途。任何单位和个人未经被收集者同意，不得公开姓名、年龄、身份证号码、电话号码、家庭住址等个人信息，因联防联控工作需要，且经过脱敏处理的除外。

4. 收集或掌握个人信息的机构要对个人信息的安全保护负责，采取严格的管理和技术防护措施，防止被窃取、被泄露。

5. 鼓励有能力的企业在有关部门的指导下，积极利用大数据，分析预测确诊者、疑似者、密切接触者等重点人群的流动情况，为联防联控工作提供大数据支持。

6. 任何组织和个人发现违规违法收集、使用、公开个人信息的行为,可以及时向网信、公安部门举报。网信部门要依据《中华人民共和国网络安全法》和相关规定,及时处置违规违法收集、使用、公开个人信息的行为,以及造成个人信息大量泄露的事件;涉及犯罪的公安机关要依法严厉打击。

互联网个人信息安全保护指南

(2019 年 4 月 10 日　公安部网络安全保卫局、北京市网络行业协会、公安部第三研究所联合发布)

引　言

为有效防范侵犯公民个人信息违法行为,保障网络数据安全和公民合法权益,公安机关结合侦办侵犯公民个人信息网络犯罪案件和安全监督管理工作中掌握的情况,组织北京市网络行业协会和公安部第三研究所等单位相关专家,研究起草了《互联网个人信息安全保护指南》,供互联网服务单位在个人信息保护工作中参考借鉴。

互联网个人信息安全保护指南

1 范围

本文件制定了个人信息安全保护的管理机制、安全技术措施和业务流程。

适用于个人信息持有者在个人信息生命周期处理过程中开展安全保护工作参考使用。本文件适用于通过互联网提供服务的企业,也适用于使用专网或非联网环境控制和处理个人信息的组织或个人。

2 规范性引用文件

下列文件对于本文件的应用是必不可少的。凡是注日期的引用文件,仅注日期的版本适用于本文件。凡是不注日期的引用文件,其最新版本(包括所有的修改单)适用于本文件。

GB/T 25069—2010 信息安全技术 术语

GB/T 35273—2017 信息安全技术 个人信息安全规范

GB/T 22239 信息安全技术 网络安全等级保护基本要求(信息系统安全等级保护基本要求)

3 术语和定义

3.1

个人信息

以电子或者其他方式记录的能够单独或者与其他信息结合识别自然人个人身份的各种信息,包括但不限于自然人的姓名、出生日期、身份证件号码、个人生物识别信息、住址、电话号码等。

[中华人民共和国网络安全法,第七十六条(五)]

注:

个人信息还包括通信通讯联系方式、通信记录和内容、账号密码、财产信息、征信信息、行踪轨迹、住宿信息、健康生理信息、交易信息等。

3.2

个人信息主体

个人信息所标识的自然人。

[GB/T 35273—2017,定义 3.3]

3.3

个人信息持有

对个人信息及相关资源、环境、管理体系等进行计划、组织、协调、控制的相关活动或行为。

3.4

个人信息持有者

对个人信息进行控制和处理的组织或个人。

3.5

个人信息收集

获得对个人信息的控制权的行为,包括由个人信息主体主动提供、通过与个人信息主体交互或记录个人信息主体行为等自动采集,以及通过共享、转让、搜集公开信息间接获取等方式。

[GB/T 35273—2017,定义 3.5]

3.6

个人信息使用

通过自动或非自动方式对个人信息进行操作,例如记录、组织、排列、存储、改编或变更、检索、咨询、披露、传播或以其他方式提供、调整或组合、限制、删除等。

3.7

个人信息删除

在实现日常业务功能所涉及的系统中去除个人信息的行为,使其保持不可被检索、访问的状态。

［GB/T 35273—2017,定义3.9］

3.8

个人信息生命周期

包括个人信息持有者收集、保存、应用、委托处理、共享、转让和公开披露、删除个人信息在内的全部生命历程。

3.9

个人信息处理系统

处理个人信息的计算机信息系统,涉及个人信息生命周期一个或多个阶段(收集、保存、应用、委托处理、共享、转让和公开披露、删除)。

4 管理机制

4.1 基本要求

个人信息处理系统的安全管理要求应满足 GB/T 22239 相应等级的要求。

4.2 管理制度

4.2.1 管理制度内容

a)应制定个人信息保护的总体方针和安全策略等相关规章制度和文件,其中包括本机构的个人信息保护工作的目标、范围、原则和安全框架等相关说明;

b)应制定工作人员对个人信息日常管理的操作规程;

c)应建立个人信息管理制度体系,其中包括安全策略、管理制度、操作规程和记录表单;

d)应制定个人信息安全事件应急预案。

4.2.2 管理制度制定发布

a)应指定专门的部门或人员负责安全管理制度的制定;

b)应明确安全管理制度的制定程序和发布方式,对制定的安全管理制度进行论证和审定,并形成论证和评审记录;

c)应明确管理制度的发布范围,并对发文及确认情况进行登记记录。

4.2.3 管理制度执行落实

a)应对相关制度执行情况进行审批登记;

b)应保存记录文件,确保实际工作流程与相关的管理制度内容相同;

c)应定期汇报总结管理制度执行情况。

4.2.4 管理制度评审改进

a)应定期对安全管理制度进行评审,存在不足或需要改进的予以修订;

b)安全管理制度评审应形成记录,如果对制度做过修订,应更新所有下发的相关安全管理制度。

4.3 管理机构

4.3.1 管理机构的岗位设置

a)应设置指导和管理个人信息保护的工作机构,明确定义机构的职责;

b)应由最高管理者或授权专人负责个人信息保护的工作;

c)应明确设置安全主管、安全管理各个方面的负责人,设立审计管理员和安全管理员等岗位,清晰、明确定义其职责范围。

4.3.2 管理机构的人员配置

a)应明确安全管理岗位人员的配备,包括数量、专职还是兼职情况等;配备负责数据保护的专门人员;

b)应建立安全管理岗位人员信息表,登记机房管理员、系统管理员、数据库管理员、网络管理员、审计管理员、安全管理员等重要岗位人员的信息,审计管理员和安全管理员不应兼任网络管理员、系统管理员、数据库管理员、数据操作员等岗位。

4.4 管理人员

4.4.1 管理人员的录用

a)应设立专门的部门或人员负责人员的录用工作;

b)应明确人员录用时对人员的条件要求,对被录用人的身份、背景和专业资格进行审查,对技术人员的技术技能进行考核;

c)录用后应签署相应的针对个人信息的保密协议;

d)应建立管理文档,说明录用人员应具备的条件(如学历、学位要求,技术人员应具备的专业技术水平,管理人员应具备的安全管理知识等);

e)应记录录用人身份、背景和专业资格等,记录审查内容和审查结果等;

f)应记录录用人录用时的技能考核文档或记录,记录考核内容和考核结果等;

g)应签订保密协议,其中包括保密范围、保密责任、违约责任、协议的有效期限和责任人签字等内容。

4.4.2 管理人员的离岗

a)人员离岗时应办理调离手续,签署调离后个人信息保密义务的承诺书,防范内部员工、管理员因工作原因非法持有、披露和使用个人信息;

b)应对即将离岗人员具有控制方法,及时终止离岗人员的所有访问权限,取回其身份认证的配件,诸如身份证件、钥匙、徽章以及机构提供的软硬件设备;采用生理特征进行访问控制的,需要及时删除生理特征录入的相关信息;

c)应形成对离岗人员的安全处理记录(如交还身份证件、设备等的登记记录）；

　　d）应具有按照离职程序办理调离手续的记录。

4.4.3 管理人员的考核

　　a）应设立专人负责定期对接触个人信息数据工作的工作人员进行全面、严格的安全审查、意识考核和技能考核；

　　b）应按照考核周期形成考核文档，被考核人员应包括各个岗位的人员；

　　c）应对违反违背制定的安全策略和规定的人员进行惩戒；

　　d）应定期考查安全管理员、系统管理员和网络管理员其对工作相关的信息安全基础知识、安全责任和惩戒措施、相关法律法规等的理解程度，并对考核记录进行记录存档。

4.4.4 管理人员的教育培训

　　a）应制定培训计划并按计划对各岗位员工进行基本的安全意识教育培训和岗位技能培训；

　　b）应制定安全教育和培训计划文档，明确培训方式、培训对象、培训内容、培训时间和地点等，培训内容包含信息安全基础知识、岗位操作规程等；

　　c）应形成安全教育和培训记录，记录包含培训人员、培训内容、培训结果等。

4.4.5 外部人员访问

　　a）应建立关于物理环境的外部人员访问的安全措施：

　　1）制定外部人员允许访问的设备、区域和信息的规定；

　　2）外部人员访问前需要提出书面申请并获得批准；

　　3）外部人员访问被批准后应有专人全程陪同或监督，并进行全程监控录像；

　　4）外部人员访问情况应登记备案。

　　b）应建立关于网络通道的外部人员访问的安全措施：

　　1）制定外部人员允许接入受控网络访问系统的规定；

　　2）外部人员访问前需要提出书面申请并获得批准；

　　3）外部人员访问时应进行身份认证；

　　4）应根据外部访问人员的身份划分不同的访问权限和访问内容；

　　5）应对外部访问人员的访问时间进行限制；

　　6）对外部访问人员对个人信息的操作进行记录。

5 技术措施

5.1 基本要求

个人信息处理系统其安全技术措施应满足 GB/T 22239 相应等级的要求，

按照网络安全等级保护制度的要求,履行安全保护义务,保障网络免受干扰、破坏或者未经授权的访问,防止网络数据泄露或者被窃取、篡改。

5.2 通用要求

5.2.1 通信网络安全

5.2.1.1 网络架构

a)应为个人信息处理系统所处网络划分不同的网络区域,并按照方便管理和控制的原则为各网络区域分配地址;

b)个人信息处理系统应作为重点区域部署,并设有边界防护措施。

5.2.1.2 通信传输

a)应采用校验技术或密码技术保证通信过程中个人信息的完整性;

b)应采用密码技术保证通信过程中个人信息字段或整个报文的保密性。

5.2.2 区域边界安全

5.2.2.1 边界防护

a)应对跨越边界访问通信信息进行有效防护;

b)应对非授权设备跨越边界行为进行检查或限制。

5.2.2.2 访问控制

应在个人信息处理系统边界根据访问控制策略设置访问控制规则。

5.2.2.3 入侵防范

应在个人信息处理系统边界部署入侵防护措施,检测、防止或限制从外部、内部发起的网络攻击行为。

5.2.2.4 恶意代码防范

应在个人信息处理系统的网络边界处对恶意代码进行检测和清除,并维护恶意代码防护机制的升级和更新。

5.2.2.5 安全审计

a)应在个人信息处理系统的网络边界、重要网络节点进行安全审计,审计应覆盖到每个用户、用户行为和安全事件;

b)审计记录应包括事件的日期和时间、用户、事件类型、事件是否成功,以及个人信息的范围、类型、操作方式、操作人、流转双方及其他与审计相关的信息;

c)应对审计记录进行保护,定期备份并避免受到未预期的删除、修改或覆盖等;

d)审计记录的留存时间应符合法律法规的要求;

e)应能够对远程访问的用户行为、访问互联网的用户行为等单独进行行为审计和数据分析。

5.2.3 计算环境安全

5.2.3.1 身份鉴别

a)应对登录个人信息处理系统的用户进行身份标识和鉴别,身份鉴别标识具有唯一性,身份鉴别信息具有复杂度要求并定期更换;

b)个人信息处理系统应启用登录失败处理功能,采取诸如结束会话、限制非法登录次数和自动退出等措施;

c)个人信息处理系统进行远程管理时,应采取措施防止身份鉴别信息在网络传输过程中被窃听;

d)个人信息处理系统应采用口令、密码技术、生物技术等两种或两种以上组合的鉴别技术对用户进行身份鉴别,且其中一种鉴别技术至少应使用密码技术来实现,密码技术应符合国家密码主管部门规范。

5.2.3.2 访问控制

a)应对登录个人信息处理系统的用户分配账户和权限;

b)个人信息处理系统应重命名或删除默认账户,修改默认账户的默认口令;

c)个人信息处理系统应及时删除或停用多余的、过期的账户,避免共享账户的存在;

d)个人信息处理系统应进行角色划分,并授予管理用户所需的最小权限,实现管理用户的权限分离;

e)个人信息处理系统应由授权主体配置访问控制策略,访问控制策略应规定主体对客体的访问规则;

f)个人信息处理系统的访问控制的粒度应达到主体为用户级或进程级,客体为文件、数据库表级;

g)个人信息处理系统应对个人信息设置安全标记,并控制主体对有安全标记资源的访问。

5.2.3.3 安全审计

a)个人信息处理系统应启用安全审计功能,并且审计覆盖到每个用户,应对重要的用户行为和重要的安全事件进行审计;

b)审计记录应包括事件的日期和时间、用户、事件类型、事件是否成功及其他与审计相关的信息;

c)应对审计记录进行保护,进行定期备份并避免受到未预期的删除、修改或覆盖等;

d)审计记录的留存时间应符合法律法规的要求;

e)应对审计进程进行保护,防止未经授权的中断。

5.2.3.4 入侵防范

a)个人信息处理系统应遵循最小安装的原则,只安装需要的组件和应用程序;

b)个人信息处理系统应关闭不需要的系统服务、默认共享和高危端口;

c)个人信息处理系统应通过设定终端接入方式或网络地址范围对通过网络进行管理的管理终端进行限制;

d)个人信息处理系统应能够发现存在的已知漏洞,并在经过充分测试评估后,及时修补漏洞;

e)个人信息处理系统应能够检测到对重要节点的入侵行为并进行防御,并在发生严重入侵事件时提供报警;

5.2.3.5 恶意代码防范和程序可信执行

应采取免受恶意代码攻击的技术措施或可信验证机制对系统程序、应用程序和重要配置文件/参数进行可信执行验证,并在检测到其完整性受到破坏时采取恢复措施。

5.2.3.6 资源控制

a)应限制单个用户或进程对个人信息处理和存储设备系统资源的最大使用限度;

b)应提供重要节点设备的硬件冗余,保证系统的可用性;

c)应对重要节点进行监视,包括监视 CPU、硬盘、内存等资源的使用情况;

d)应能够对重要节点的服务水平降低到预先规定的最小值进行检测和报警。

5.2.4 应用和数据安全

5.2.4.1 身份鉴别

a)个人信息处理系统应对登录的用户进行身份标识和鉴别,该身份标识应具有唯一性,鉴别信息应具有复杂度并要求定期更换;

b)个人信息处理系统应提供并启用登录失败处理功能,并在多次登录后采取必要的保护措施;

c)个人信息处理系统应强制用户首次登录时修改初始口令,当确定信息被泄露后,应提供提示全部用户强制修改密码的功能,在验证确认用户后修改密码;

d)用户身份鉴别信息丢失或失效时,应采取技术措施保证鉴别信息重置过程的安全;

e)应采取静态口令、动态口令、密码技术、生物技术等两种或两种以上的组合鉴别技术对用户进行身份鉴别,且其中一种鉴别技术使用密码技术来实现。

5.2.4.2 访问控制

a)个人信息处理系统应提供访问控制功能,并对登录的用户分配账户和权限;

b)应重命名或删除默认账户,修改默认账户的默认口令;

c)应及时删除或停用多余的、过期的账户,避免共享账户的存在;

d)应授予不同账户为完成各自承担任务所需的最小权限,在它们之间形成相互制约的关系;

e)应由授权主体配置访问控制策略,访问控制策略规定主体对客体的访问规则;

f)访问控制的粒度应达到主体为用户级,客体为文件、数据库表级、记录或字段级;

g)个人信息应设置安全标记,控制主体对有安全标记资源的访问。

5.2.4.3 安全审计

a)个人信息处理系统应提供安全审计功能,审计应覆盖到每个用户,应对重要的用户行为和重要的安全事件进行审计;

b)审计记录应包括事件的日期和时间、用户、事件类型、事件是否成功及其他与审计相关的信息;

c)应对审计记录进行保护,定期备份,并避免受到未预期的删除、修改或覆盖等;

d)审计记录的留存时间应符合法律法规的要求;

e)应对审计进程进行保护,防止未经授权的中断。

5.2.4.4 软件容错

a)应提供个人信息的有效性校验功能,保证通过人机接口输入或通过通信接口输入的内容符合个人信息处理系统设定要求;

b)应能够发现个人信息处理系统软件组件可能存在的已知漏洞,并能够在充分测试评估后及时修补漏洞;

c)应能够在故障发生时,继续提供一部分功能,并能够实施必要的措施。

5.2.4.5 资源控制

a)在通信双方中的一方在一段时间内未做任何响应时,另一方应能够自动结束会话;

b)应对个人信息处理系统的最大并发会话连接数进行限制;

c)应能够对单个用户的多重并发会话进行限制。

5.2.4.6 数据完整性

a)应采取校验技术或密码技术保证重要数据在传输过程中的完整性,包括但不限于鉴别数据和个人信息；

b) 应采用校验技术或密码技术保证重要数据在存储过程中的完整性，包括但不限于鉴别数据和个人信息。

5.2.4.7 数据保密性

a) 应采用密码技术保证重要数据在传输过程中的保密性，包括但不限于鉴别数据和个人信息；

b) 应采用密码技术保证重要数据在存储过程中的保密性，包括但不限于鉴别数据和个人信息。

5.2.4.8 数据备份恢复

a) 应提供个人信息的本地数据备份与恢复功能，定期对备份数据进行恢复测试，保证数据可用性；

b) 应提供异地实时备份功能，利用通信网络将重要数据实时备份至备份场地；

c) 应提供重要数据处理系统的热冗余，保证系统的高可用性。

5.2.4.9 剩余信息保护

a) 应保证鉴别信息所在的存储空间被释放或重新分配前得到完全清除；

b) 应保证存有个人信息的存储空间被释放或重新分配前得到完全清除。

5.3 扩展要求

5.3.1 云计算安全扩展要求

a) 应确保个人信息在云计算平台中存储于中国境内，如需出境应遵循国家相关规定；

b) 应使用校验技术或密码技术保证虚拟机迁移过程中，个人信息的完整性，并在检测到完整性受到破坏时采取必要的恢复措施；

c) 应使用密码技术保证虚拟机迁移过程中，个人信息的保密性，防止在迁移过程中的个人信息泄露。

5.3.2 物联网安全扩展要求

物联网感知节点设备采集信息回传应采用密码技术保证通信过程中个人信息的保密性。

6 业务流程

6.1 收集

个人信息的收集行为应满足以下要求：

a) 个人信息收集前，应当遵循合法、正当、必要的原则向被收集的个人信息主体公开收集、使用规则，明示收集、使用信息的目的、方式和范围等信息；

b) 个人信息收集应获得个人信息主体的同意和授权，不应收集与其提供的

服务无关的个人信息,不应通过捆绑产品或服务各项业务功能等方式强迫收集个人信息;

c)个人信息收集应执行收集前签署的约定和协议,不应超范围收集;

d)不应大规模收集或处理我国公民的种族、民族、政治观点、宗教信仰等敏感数据;

e)个人生物识别信息应仅收集和使用摘要信息,避免收集其原始信息;

f)应确保收集个人信息过程的安全性:

1)收集个人信息之前,应有对被收集人进行身份认证的机制,该身份认证机制应具有相应安全性;

2)收集个人信息时,信息在传输过程中应进行加密等保护处理;

3)收集个人信息的系统应落实网络安全等级保护要求;

4)收集个人信息时应有对收集内容进行安全检测和过滤的机制,防止非法内容提交。

6.2 保存

个人信息的保存行为应满足以下要求:

a)在境内运营中收集和产生的个人信息应在境内存储,如需出境应遵循国家相关规定;

b)收集到的个人信息应采取相应的安全加密存储等安全措施进行处理;

c)应对保存的个人信息根据收集、使用目的、被收集人授权设置相应的保存时限;

d)应对保存的个人信息在超出设置的时限后予以删除;

e)保存信息的主要设备,应对个人信息数据提供备份和恢复功能,确保数据备份的频率和时间间隔,并使用不少于以下一种备份手段:

1)具有本地数据备份功能;

2)将备份介质进行场外存放;

3)具有异地数据备份功能。

6.3 应用

个人信息的应用应满足以下要求:

a)对个人信息的应用,应符合与个人信息主体签署的相关协议和规定,不应超范围应用个人信息;

注:

经过处理无法识别特定个人且不能复原的个人信息数据,可以超出与信息主体签署的相关使用协议和约定,但应提供适当的保护措施进行保护。

b)个人信息主体应拥有控制本人信息的权限,包括:

1）允许对本人信息的访问；

2）允许通过适当方法对本人信息的修改或删除,包括纠正不准确和不完整的数据,并保证修改后的本人信息具备真实性和有效性；

c）完全依靠自动化处理的用户画像技术应用于精准营销、搜索结果排序、个性化推送新闻、定向投放广告等增值应用,可事先不经用户明确授权,但应确保用户有反对或者拒绝的权利；如应用于征信服务、行政司法决策等可能对用户带来法律后果的增值应用,或跨网络运营者使用,应经用户明确授权方可使用其数据；

d）应对个人信息的接触者设置相应的访问控制措施,包括：

1）对被授权访问个人信息数据的工作人员按照最小授权的原则,只能访问最少够用的信息,只具有完成职责所需的最少的数据操作权限；

2）对个人信息的重要操作设置内部审批流程,如批量修改、拷贝、下载等；

3）对特定人员超限制处理个人信息时配置相应的责任人或负责机构进行审批,并对这种行为进行记录。

e）应对必须要通过界面（如显示屏幕、纸面）展示的个人信息进行去标识化的处理。

6.4 删除

a）个人信息在超过保存时限之后应进行删除,经过处理无法识别特定个人且不能复原的除外；

b）个人信息持有者如有违反法律、行政法规的规定或者双方的约定收集、使用其个人信息时,个人信息主体要求删除其个人信息的,应采取措施予以删除；

c）个人信息相关存储设备,将存储的个人信息数据进行删除之后应采取措施防止通过技术手段恢复；

d）对存储过个人信息的设备在进行新信息的存储时,应将之前的内容全部进行删除；

e）废弃存储设备,应在进行删除后再进行处理。

6.5 第三方委托处理

a）在对个人信息委托处理时,不应超出该信息主体授权同意的范围；

b）在对个人信息的相关处理进行委托时,应对委托行为进行个人信息安全影响评估；

c）对个人信息进行委托处理时,应签订相关协议要求受托方符合本文件；

d）应向受托方进行对个人信息数据的使用和访问的授权；

e）受托方对个人信息的相关数据进行处理完成之后,应对存储的个人信息数据的内容进行删除。

6.6 共享和转让

个人信息原则上不得共享、转让。如存在个人信息共享和转让行为时,应满足以下要求:

a)共享和转让行为应经过合法性、必要性评估;

b)在对个人信息进行共享和转让时应进行个人信息安全影响评估,应对受让方的数据安全能力进行评估确保受让方具备足够的数据安全能力,并按照评估结果采取有效的保护个人信息主体的措施;

c)在共享、转让前应向个人信息主体告知转让该信息的目的、规模、公开范围数据接收方的类型等信息;

d)在共享、转让前应得到个人信息主体的授权同意,与国家安全、国防安全、公共安全、公共卫生、重大公共利益或与犯罪侦查、起诉、审判和判决执行等直接相关的情形除外;

e)应记录共享、转让信息内容,将共享、转让情况中包括共享、转让的日期、数据量、目的和数据接收方的基本情况在内的信息进行登记;

f)在共享、转让后应了解接收方对个人信息的保存、使用情况和个人信息主体的权利,例如访问、更正、删除、注销等;

g)当个人信息持有者发生收购、兼并、重组、破产等变更时,个人信息持有者应向个人信息主体告知有关情况,并继续履行原个人信息持有者的责任和义务,如变更个人信息使用目的时,应重新取得个人信息主体的明示同意。

6.7 公开披露

个人信息原则上不得公开披露。如经法律授权或具备合理事由确需公开披露时,应充分重视风险,遵守以下要求:

a)事先开展个人信息安全影响评估,并依评估结果采取有效的保护个人信息主体的措施;

b)向个人信息主体告知公开披露个人信息的目的、类型,并事先征得个人信息主体明示同意,与国家安全、国防安全、公共安全、公共卫生、重大公共利益或与犯罪侦查、起诉、审判和判决执行等直接相关的情形除外;

c)公开披露个人敏感信息前,除6.7b)中告知的内容外,还应向个人信息主体告知涉及的个人敏感信息的内容;

d)准确记录和保存个人信息的公开披露的情况,包括公开披露的日期、规模、目的、公开范围等;

e)承担因公开披露个人信息对个人信息主体合法权益造成损害的相应责任;

f)不得公开披露个人生物识别信息和基因、疾病等个人生理信息;

g)不得公开披露我国公民的种族、民族、政治观点、宗教信仰等敏感数据分析结果。

7 应急处置

7.1 应急机制和预案

a)应建立健全网络安全风险评估和应急工作机制,在个人信息处理过程中发生应急事件时具有上报有关主管部门的机制;

b)应制定个人信息安全事件应急预案,包括应急处理流程、事件上报流程等内容;

c)应定期(至少每半年一次)组织内部相关人员进行应急响应培训和应急演练,使其掌握岗位职责和应急处置策略和规程,留存应急培训和应急演练记录;

d)应定期对原有的应急预案重新评估,修订完善。

7.2 处置和响应

a)发现网络存在较大安全风险,应采取措施,进行整改,消除隐患;发生安全事件时,应及时向公安机关报告,协助开展调查和取证工作,尽快消除隐患;

b)发生个人信息安全事件后,应记录事件内容,包括但不限于:发现事件的人员、时间、地点,涉及的个人信息及人数,发生事件的系统名称,对其他互联系统的影响,是否已联系执法机关或有关部门;

c)应对安全事件造成的影响进行调查和评估,采取技术措施和其他必要措施,消除安全隐患,防止危害扩大;

d)应按《国家网络安全事件应急预案》等相关规定及时上报安全事件,报告内容包括但不限于:涉及个人信息主体的类型、数量、内容、性质等总体情况,事件可能造成的影响,已采取或将要采取的处置措施,事件处置相关人员的联系方式;

e)应将事件的情况告知受影响的个人信息主体,并及时向社会发布与公众有关的警示信息。

人力资源社会保障部办公厅　财政部办公厅
关于在就业补助资金使用信息公开中
进一步加强个人信息保护的通知

（2017 年 12 月 5 日　人社厅发〔2017〕149 号）

各省、自治区、直辖市及新疆生产建设兵团人力资源社会保障厅（局）、财政（财务）厅（局）：

近年来，各地区认真落实积极的就业政策，规范就业补助资金管理使用，着力推进政策落实和资金使用阳光运行，取得了良好成效。与此同时，个别地区在就业补助资金使用信息公开中，由于专业性、规范性不足，存在享受补贴人员个人信息和隐私泄露的隐患。为确保各项就业补贴政策落实落细，防止资金使用信息公开中泄露个人信息和隐私，现就有关事项通知如下：

一、提高思想认识。就业补助资金使用信息公开是加强资金管理使用、主动接受社会监督的重要手段，保护政策对象个人信息和隐私是政府依法行政、保障公民合法权益的重要要求。各地务必高度重视，强化以人民为中心的发展思想，增强依法行政意识，遵守国家有关个人信息保护的法规制度，将个人信息保护与资金规范管理、信息公开公示等工作放在同等重要的位置上考虑，处理好政府信息公开与个人信息保护的关系，既保证资金使用公开透明，也杜绝个人敏感信息泄露，维护好劳动者信息安全和合法权益，使就业政策落实更规范、更安全、更有温度。

二、规范公开内容。各地要按照《就业补助资金管理办法》（财社〔2017〕164 号，以下简称《办法》）要求，做好各项补贴资金使用情况的公开公示，并根据个人信息保护的有关要求，进一步规范公开内容。对《办法》规定公开内容中的个人身份证号码，在公开时要注意隐藏或遮挡身份证号码部分数字。对《办法》未要求公开的家庭住址、联系方式、银行卡号、出生日期、家庭困难状况、身体残疾情况等涉及享受补贴人员个人隐私的敏感信息，原则上不予公开，确需公开的要注意保护个人信息和隐私安全。

三、抓好自查整改。各地接到本通知后,要迅速开展就业补助资金使用信息公开情况自查,充分利用技术手段,对相关网站和公开公示栏进行全面排查,做到不留死角、不留盲区。对信息应公开而未予公开的问题,要及时对外发布,确保按要求主动公开。对敏感信息不当公开、涉及个人隐私泄露的问题,要立即采取删除、隐藏、遮挡等补救措施,确保个人信息和隐私安全。

四、严格信息使用。各地在工作中,要切实加强各项就业补贴政策享受人员的个人信息管理,严禁用于资金管理、政策落实和公共就业服务之外的其他用途,严禁以任何形式将落实政策、提供服务中获取的劳动者个人信息出售或提供给任何社会机构及个人。已经建立政策落实和资金管理信息系统的地区,要进一步加强网络信息安全防护建设,着力避免信息泄露。

各地要迅速向本地区各级人力资源社会保障部门、财政部门和公共就业服务机构传达本通知要求,推动其按照"谁公开、谁负责"的原则,强化责任意识,严格工作程序,实现资金规范管理和个人信息保护有效衔接、互促共进;并主动协调教育部门,指导高校做好求职创业补贴等高校毕业生就业补贴政策的校内信息公开公示。各地落实本通知要求相关情况和遇到的问题,2017 年 12 月 25 日前向两部报告。

寄递服务用户个人信息安全管理规定

（2014 年 3 月 19 日　国邮发〔2014〕52 号 ）

第一章　总　　则

第一条　为加强邮政行业寄递服务用户个人信息安全管理,保护用户合法权益,维护邮政通信与信息安全,促进邮政行业健康发展,根据《中华人民共和国邮政法》、《全国人大常委会关于加强网络信息保护的规定》、《邮政行业安全监督管理办法》等法律、行政法规和有关规定,制定本规定。

第二条　在中华人民共和国境内经营和使用寄递服务涉及用户个人信息安全的活动以及相关监督管理工作,适用本规定。

第三条　本规定所称寄递服务用户个人信息（以下简称寄递用户信息）,是指用户在使用寄递服务过程中的个人信息,包括寄（收）件人的姓名、地址、身份证件号码、电话号码、单位名称,以及寄递详情单号、时间、物品明细等内容。

第四条　寄递用户信息安全监督管理坚持安全第一、预防为主、综合治理的方针,保障用户个人信息安全。

第五条　国务院邮政管理部门负责全国邮政行业寄递用户信息安全监督管理工作。

省、自治区、直辖市邮政管理机构负责本行政区域内的邮政行业寄递用户信息安全监督管理工作。

按照国务院规定设立的省级以下邮政管理机构负责本辖区的邮政行业寄递用户信息安全监督管理工作。

国务院邮政管理部门和省、自治区、直辖市邮政管理机构以及省级以下邮政管理机构,统称为邮政管理部门。

第六条　邮政管理部门应当与有关部门相互配合,健全寄递用户信息安全保障机制,维护寄递用户信息安全。

第七条　邮政企业、快递企业及其从业人员应当遵守国家有关信息安全管理的规定及本规定,防止寄递用户信息泄露、丢失。

第二章　一般规定

第八条　邮政企业、快递企业应当建立健全寄递用户信息安全保障制度和措施,明确企业内部各部门、岗位的安全责任,加强寄递用户信息安全管理和安全责任考核。

第九条　以加盟方式经营快递业务企业应当在加盟协议中订立寄递用户信息安全保障条款,明确被加盟人与加盟人的安全责任。加盟人发生信息安全事故时,被加盟人应当依法承担相应安全管理责任。

第十条　邮政企业、快递企业应当与其从业人员签订寄递用户信息保密协议,明确保密义务和违约责任。

第十一条　邮政企业、快递企业应当组织从业人员进行寄递用户信息安全保护相关知识、技能培训,加强职业道德教育,不断提高从业人员的法制观念和责任意识。

第十二条　邮政企业、快递企业应当建立寄递用户信息安全投诉处理机制,公布有效联系方式,接受并及时处理有关投诉。

第十三条　邮政企业、快递企业受网络购物、电视购物和邮购等经营者委托提供寄递服务的,在与委托方签订协议时,应当订立寄递用户信息安全保障条款,明确信息使用范围和方式、信息交换安全保护措施、信息泄露责任划分等内容。

第十四条　邮政企业、快递企业委托第三方录入寄递用户信息的,应当确认其具有信息安全保障能力,并订立信息安全保障条款,明确责任划分。第三方发生信息安全事故导致寄递用户信息泄露、丢失的,邮政企业、快递企业应当依法承担相应责任。

第十五条　未经法律明确授权或者用户书面同意,邮政企业、快递企业及其从业人员不得将其掌握的寄递用户信息提供给任何单位或者个人。

第十六条　公安机关、国家安全机关或者检察机关的工作人员依照法律规定程序调阅、检查寄递详情单实物及电子信息档案,邮政企业、快递企业应当配合,并对有关情况予以保密。

第十七条　邮政企业、快递企业应当建立寄递用户信息安全应急处置机制。对于突发的寄递用户信息安全事故,应当立即采取补救措施,按照规定报告邮政管理部门,并配合邮政管理部门和相关部门的调查处理工作,不得迟报、漏报、谎报、瞒报。

第三章　寄递详情单实物信息安全管理

第十八条　邮政企业、快递企业应当加强寄递详情单管理,对空白寄递详情单发放情况进行登记,对号段进行全程跟踪,形成跟踪记录。

第十九条　邮政企业、快递企业应当加强营业场所、处理场所管理,严禁无关人员进出邮件(快件)处理、存放场地,严禁无关人员接触、翻阅邮件(快件),防止寄递详情单实物信息(以下简称实物信息)在处理过程中泄露。

第二十条　邮政企业、快递企业应当优化寄递处理流程,减少接触实物信息的处理环节和操作人员。

第二十一条　邮政企业、快递企业应当采用有效技术手段,防止实物信息在寄递过程中泄露。

第二十二条　邮政企业、快递企业应当配备符合国家标准的安全监控设备,安排具有专门技术和技能的人员,对收寄、分拣、运输、投递等环节的实物信息处理进行安全监控。

第二十三条　邮政企业、快递企业应当建立健全寄递详情单实物档案管理制度,实行集中封闭管理,确定集中存放地,及时回收寄递详情单妥善保管。设立、变更集中存放地,应当及时报告所在地邮政管理部门。

第二十四条　邮政企业、快递企业应当对寄递详情单实物档案集中存放地设专人管理,采取必要的安全防护措施,确保存储安全。

第二十五条　邮政企业、快递企业应当建立并严格执行寄递详情单实物档案查询管理制度。内部人员因工作需要查阅档案时,应当确保档案完整无损,并做好查阅登记,不得私自携带离开存放地。

第二十六条　寄递详情单实物档案应当按照国家相关标准规定的期限保存。保存期满后,由企业进行集中销毁,做好销毁记录,严禁丢弃或者贩卖。

第二十七条　邮政企业、快递企业应当对实物信息安全保障情况进行定期自查,记录自查情况,及时消除自查中发现的信息安全隐患。

第四章　寄递详情单电子信息安全管理

第二十八条　邮政企业、快递企业应当按照国家规定,加强寄递服务用户信息相关信息系统和网络设施的安全管理。

第二十九条 邮政企业、快递企业信息系统的网络架构应当符合国家信息安全管理规定,合理划分安全区域,实现各安全区域之间有效隔离,并具有防范、监控和阻断来自内部和外部网络攻击破坏的能力。

第三十条 邮政企业、快递企业应当配备必要的防病毒软件、硬件,确保信息系统和网络具有防范计算机病毒的能力,防止恶意代码破坏信息系统和网络,避免信息泄露或者被篡改。

第三十一条 邮政企业、快递企业构建信息系统和网络,应当避免使用信息系统和网络供应商提供的默认密码、安全参数,并对通过开放公共网络传输的寄递用户信息采取加密措施,严格审查并监控对信息系统、网络设备的远程访问。

第三十二条 邮政企业、快递企业在采购计算机软件、硬件产品或者技术服务时,应当与供应商签订保密协议,明确其安全责任,以及在发生信息安全事件时配合邮政管理部门和相关部门调查的义务。

第三十三条 邮政企业、快递企业应当建立信息系统安全内部审计制度,定期开展内部审计,对发现的问题及时整改。

第三十四条 邮政企业、快递企业应当加强信息系统及网络的权限管理,基于权限最小化和权限分离原则,向从业人员分配满足工作需要的最小操作权限和可访问的最小信息范围。

邮政企业、快递企业应当加强对信息系统和数据库的管理,使网络管理人员仅具有进行信息系统、数据库、网络运行维护和优化的权限。网络管理人员的维护操作须经安全管理员授权,并受到安全审计员的监控和审计。

第三十五条 邮政企业、快递企业应当加强信息系统密码管理,使用高安全级别密码策略,定期更换密码,禁止将密码透露给无关人员。

第三十六条 邮政企业、快递企业应当加强寄递用户电子信息的存储安全管理,包括:

(一)使用独立物理区域存储寄递用户信息,禁止非授权人员进出该区域。

(二)采用加密方式存储寄递用户信息。

(三)确保安全使用、保管和处置存有寄递用户信息的计算机、移动设备和移动存储介质。明确管理数据存储设备、介质的负责人,建立设备、介质使用和借用登记制度,限制设备输出接口的使用。存储设备和介质报废的,应当及时删除其中的寄递用户信息数据,并销毁硬件。

第三十七条 邮政企业、快递企业应当加强寄递用户信息的应用安全管理,对所有批量导出、复制、销毁用户个人信息的操作进行审查,并采取防泄密措施,同时记录进行操作的人员、时间、地点和事项,留作信息安全审计依据。

第三十八条　邮政企业、快递企业应当加强对离岗人员的信息安全审计,及时删除或者禁用离岗人员系统账户。

第三十九条　邮政企业、快递企业应当制定本企业与市场相关主体的信息系统安全互联技术规则,对存储寄递服务信息的信息系统实行接入审查,定期进行安全风险评估。

第五章　监督管理

第四十条　邮政管理部门依法履行下列职责:

(一)制定保障寄递用户信息安全的政策、制度和相关标准,并监督实施;

(二)监督、指导邮政企业、快递企业落实信息安全责任制,督促企业加强寄递用户信息安全管理;

(三)对寄递用户信息安全进行监测、预警和应急管理;

(四)监督、指导邮政企业、快递企业开展寄递用户信息安全宣传教育和培训;

(五)依法对邮政企业、快递企业实施寄递用户信息安全监督检查;

(六)组织调查或者参与调查寄递用户信息安全事故,依法查处违反寄递用户信息安全管理规定的行为;

(七)法律、行政法规和规章规定的其他职责。

第四十一条　邮政管理部门应当加强邮政行业寄递用户信息安全管理制度和知识的宣传,强化邮政企业、快递企业及其从业人员的信息安全管理意识,提高用户对个人信息安全保护的认识。

第四十二条　邮政管理部门应当加强邮政行业寄递用户信息安全运行的监测预警,建立信息管理体系,收集、分析与信息安全有关的各类信息。

下级邮政管理部门应当及时向上一级邮政管理部门报告邮政行业寄递用户信息安全情况,并根据需要通报工业和信息化、通信管理、公安、国家安全、商务和工商行政管理等相关部门。

第四十三条　邮政管理部门应当对邮政企业、快递企业建立和执行寄递用户信息安全管理制度,规范从业人员信息安全保护行为,防范信息安全风险等情况进行检查。

第四十四条　邮政管理部门发现邮政企业、快递企业存在违反寄递用户信息安全管理规定,妨害或者可能妨害寄递用户信息安全的,应当依法进行调查处理。违法行为涉及其他部门管理职权的,邮政管理部门应当会同有关部门对涉案邮政企业、快递企业进行调查处理。

第四十五条 邮政管理部门应当加强对邮政企业、快递企业及其从业人员遵守本规定情况的监督检查。

第四十六条 邮政企业、快递企业拒不配合寄递用户信息安全监督检查的,依照《中华人民共和国邮政法》第七十七条的规定予以处罚。

第四十七条 邮政企业、快递企业及其从业人员因泄露寄递用户信息对用户造成损失的,应当依法予以赔偿。

第四十八条 邮政企业、快递企业及其从业人员违法提供寄递用户信息,尚未构成犯罪的,依照《中华人民共和国邮政法》第七十六条的规定予以处罚。构成犯罪的,移送司法机关追究刑事责任。

第四十九条 任何单位和个人有权向邮政管理部门举报违反本规定的行为。邮政管理部门接到举报后,应当依法及时处理。

第五十条 邮政管理部门可以在行业内通报邮政企业、快递企业违反寄递用户信息安全管理规定行为、信息安全事件,以及对有关责任人员进行处理的情况。必要时可以向社会公布上述信息,但涉及国家秘密、商业秘密和个人隐私的除外。

第五十一条 邮政管理部门及其工作人员对在履行职责过程中知悉的寄递用户信息应当保密,不得泄露、篡改或者损毁,不得出售或者非法向他人提供。

第五十二条 邮政管理部门工作人员在寄递用户信息安全监督管理工作中滥用职权、玩忽职守、徇私舞弊,依照《邮政行业安全监督管理办法》第五十五条的规定予以处理。

第六章　附　　则

第五十三条 本规定自发布之日起施行。

信息安全技术 公共及商用服务信息系统个人信息保护指南

（GB/Z 28828—2012 国家质量监督检验检疫总局、国家标准化管理委员会 2012 年 11 月 5 日批准发布　2013 年 2 月 1 日起实施）

随着信息技术的广泛应用和互联网的不断普及，个人信息在社会、经济活动中的地位日益凸显，滥用个人信息的现象随之出现，给社会秩序和个人切身利益带来了危害。为促进个人信息的合理利用，指导和规范利用信息系统处理个人信息的活动，制定本指导性技术文件。

1 范围

本指导性技术文件规范了全部或部分通过信息系统进行个人信息处理的过程，为信息系统中个人信息处理不同阶段的个人信息保护提供指导。

本指导性技术文件适用于指导除政府机关等行使公共管理职责的机构以外的各类组织和机构，如电信、金融、医疗等领域的服务机构，开展信息系统中的个人信息保护工作。

2 规范性引用文件

下列文件对于本文件的应用是必不可少的。凡是注日期的引用文件，仅注日期的版本适用于本文件。凡是不注日期的引用文件，其最新版本（包括所有的修改单）适用于本文件。

GB/T 20269—2006 信息安全技术 信息系统安全管理要求

GB/Z 20986—2007 信息安全技术 信息安全事件分类分级指南

3 术语和定义

GB/T 20269—2006 和 GB/Z 20986—2007 中界定的以及下列术语和定义适用于本技术性指导文件。

3.1 信息系统 information system

即计算机信息系统，由计算机（含移动通信终端）及其相关的和配套的设备、设施（含网络）构成，能够按照一定的应用目标和规则对信息进行采集、加工、存储、传输、检索等处理。

3.2 个人信息 personal information

可为信息系统所处理、与特定自然人相关、能够单独或通过与其他信息结合识别该特定自然人的计算机数据。

个人信息可以分为个人敏感信息和个人一般信息。

3.3 个人信息主体 subject of personal information

个人信息指向的自然人。

3.4 个人信息管理者 administrator of personal information

决定个人信息处理的目的和方式，实际控制个人信息并利用信息系统处理个人信息的组织和机构。

3.5 个人信息获得者 receiver of personal information

从信息系统获取个人信息的个人、组织和机构，依据个人信息主体的意愿对获得的个人信息进行处理。

3.6 第三方测评机构 third party testing and evaluation agency

独立于个人信息管理者的专业测评机构。

3.7 个人敏感信息 personal sensitive information

一旦遭到泄露或修改，会对标识的个人信息主体造成不良影响的个人信息。各行业个人敏感信息的具体内容根据接受服务的个人信息主体意愿和各自业务特点确定。例如个人敏感信息可以包括身份证号码、手机号码、种族、政治观点、宗教信仰、基因、指纹等。

3.8 个人一般信息 personal general information

除个人敏感信息以外的个人信息。

3.9 个人信息处理 personal information handling

处置个人信息的行为，包括收集、加工、转移、删除。

3.10 默许同意 tacit consent

在个人信息主体无明确反对的情况下，认为个人信息主体同意。

3.11 明示同意 expressed consent

个人信息主体明确授权同意，并保留证据。

4 个人信息保护概述

4.1 角色和职责

4.1.1 综述

信息系统个人信息保护实施过程中涉及的角色主要有个人信息主体、个人信息管理者、个人信息获得者和独立测评机构，其职责见4.1.2至4.1.5。

4.1.2 个人信息主体

在提供个人信息前，要主动了解个人信息管理者收集的目的、用途等信息，按照个人意愿提供个人信息;发现个人信息出现泄漏、丢失、篡改后,向个人信息管理者投诉或提出质询,或向个人信息保护管理部门发起申诉。

4.1.3 个人信息管理者

负责依照国家法律、法规和本指导性技术文件,规划、设计和建立信息系统个人信息处理流程;制定个人信息管理制度、落实个人信息管理责任;指定专门机构或人员负责机构内部的个人信息保护工作,接受个人信息主体的投诉与质询;制定个人信息保护的教育培训计划并组织落实;建立个人信息保护的内控机制,并定期对信息系统个人信息的安全状况、保护制度及措施的落实情况进行自查或委托独立测评机构进行测评。

管控信息系统个人信息处理过程中的风险,对个人信息处理过程中可能出现的泄露、丢失、损坏、篡改、不当使用等事件制定预案;发现个人信息遭到泄漏、丢失、篡改后,及时采取应对措施,防止事件影响进一步扩大,并及时告知受影响的个人信息主体;发生重大事件的,及时向个人信息保护管理部门通报。

接受个人信息保护管理部门对个人信息保护状况的检查、监督和指导,积极参与和配合第三方测评机构对信息系统个人信息保护状况的测评。

4.1.4 个人信息获得者

当个人信息的获取是出于对方委托加工等目的,个人信息获得者要依照本指导性技术文件和委托合同,对个人信息进行加工,并在完成加工任务后,立即删除相关个人信息。

4.1.5 第三方测评机构

从维护公众利益角度出发、根据个人信息保护管理部门和行业协会的授权、或受个人信息管理者的委托,依据相关国家法律、法规和本指导性技术文件,对信息系统进行测试和评估,获取个人信息保护状况,作为个人信息管理者评价、监督和指导个人信息保护的依据。

4.2 基本原则

个人信息管理者在使用信息系统对个人信息进行处理时,宜遵循以下基本原则:

a)目的明确原则——处理个人信息具有特定、明确、合理的目的,不扩大使用范围,不在个人信息主体不知情的情况下改变处理个人信息的目的。

b)最少够用原则——只处理与处理目的有关的最少信息,达到处理目的后,在最短时间内删除个人信息。

c)公开告知原则——对个人信息主体要尽到告知、说明和警示的义务。以明确、易懂和适宜的方式如实向个人信息主体告知处理个人信息的目的、个人信息的收集和使用范围、个人信息保护措施等信息。

d）个人同意原则——处理个人信息前要征得个人信息主体的同意。

e）质量保证原则——保证处理过程中的个人信息保密、完整、可用，并处于最新状态。

f）安全保障原则——采取适当的、与个人信息遭受损害的可能性和严重性相适应的管理措施和技术手段，保护个人信息安全，防止未经个人信息管理者授权的检索、披露及丢失、泄露、损毁和篡改个人信息。

g）诚信履行原则——按照收集时的承诺，或基于法定事由处理个人信息，在达到既定目的后不再继续处理个人信息。

h）责任明确原则——明确个人信息处理过程中的责任，采取相应的措施落实相关责任，并对个人信息处理过程进行记录以便于追溯。

5 个人信息保护

5.1 概述

信息系统中个人信息的处理过程可分为收集、加工、转移、删除 4 个主要环节。对个人信息的保护贯穿于 4 个环节中：

a）收集指对个人信息进行获取并记录。

b）加工指对个人信息进行的操作，如录入、存储、修改、标注、比对、挖掘、屏蔽等。

c）转移指将个人信息提供给个人信息获得者的行为，如向公众公开、向特定群体披露、由于委托他人加工而将个人信息复制到其他信息系统等。

d）删除指使个人信息在信息系统中不再可用。

5.2 收集阶段

5.2.1 要具有特定、明确、合法的目的。

5.2.2 收集前要采用个人信息主体易知悉的方式，向个人信息主体明确告知和警示如下事项：

a）处理个人信息的目的；

b）个人信息的收集方式和手段、收集的具体内容和留存时限；

c）个人信息的使用范围，包括披露或向其他组织和机构提供其个人信息的范围；

d）个人信息的保护措施；

e）个人信息管理者的名称、地址、联系方式等相关信息；

f）个人信息主体提供个人信息后可能存在的风险；

g）个人信息主体不提供个人信息可能出现的后果；

h）个人信息主体的投诉渠道；

i）如需将个人信息转移或委托于其他组织和机构，要向个人信息主体明确告知包括但不限于以下信息:转移或委托的目的、转移或委托个人信息的具体内容和使用范围、接受委托的个人信息获得者的名称、地址、联系方式等。

5.2.3 处理个人信息前要征得个人信息主体的同意,包括默许同意或明示同意。收集个人一般信息时,可认为个人信息主体默许同意,如果个人信息主体明确反对,要停止收集或删除个人信息;收集个人敏感信息时,要得到个人信息主体的明示同意。

5.2.4 只收集能够达到已告知目的的最少信息。

5.2.5 要采用已告知的手段和方式直接向个人信息主体收集,不采取隐蔽手段或以间接方式收集个人信息。

5.2.6 持续收集个人信息时提供相关功能,允许个人信息主体配置、调整、关闭个人信息收集功能。

5.2.7 不直接向未满 16 周岁的未成年人等限制民事行为能力或无行为能力人收集个人敏感信息,确需收集其个人敏感信息的,要征得其法定监护人的明示同意。

5.3 加工阶段

5.3.1 不违背收集阶段已告知的使用目的,或超出告知范围对个人信息进行加工。

5.3.2 采用已告知的方法和手段。

5.3.3 保证加工过程中个人信息不被任何与处理目的无关的个人、组织和机构获知。

5.3.4 未经个人信息主体明示同意,不向其他个人、组织和机构披露其处理的个人信息。

5.3.5 保证加工过程中信息系统持续稳定运行,个人信息处于完整、可用状态,且保持最新。

5.3.6 个人信息主体发现其个人信息存在缺陷并要求修改时,个人信息管理者要根据个人信息主体的要求进行查验核对,在保证个人信息完整性的前提下,修改或补充相关信息。

5.3.7 详细记录对个人信息的状态,个人信息主体要求对其个人信息进行查询时,个人信息管理者要如实并免费告知是否拥有其个人信息、拥有其个人信息的内容、个人信息的加工状态等内容,除非告知成本或者请求频率超出合理的范围。

5.4 转移阶段

5.4.1 不违背收集阶段告知的转移目的,或超出告知的转移范围转移个人信息。

5.4.2 向其他组织和机构转移个人信息前,评估其是否能够按照本指导性技术文件的要求处理个人信息,并通过合同明确该组织和机构的个人信息保护责任。

5.4.3 保证转移过程中,个人信息不被个人信息获得者之外的任何个人、组织和机构所获知。

5.4.4 保证转移前后,个人信息的完整性和可用性,且保持最新。

5.4.5 未经个人信息主体的明示同意,或法律法规明确规定,或未经主管部门同意,个人信息管理者不得将个人信息转移给境外个人信息获得者,包括位于境外的个人或境外注册的组织和机构。

5.5 删除阶段

5.5.1 个人信息主体有正当理由要求删除其个人信息时,及时删除个人信息。删除个人信息可能会影响执法机构调查取证时,采取适当的存储和屏蔽措施。

5.5.2 收集阶段告知的个人信息使用目的达到后,立即删除个人信息;如需继续处理,要消除其中能够识别具体个人的内容;如需继续处理个人敏感信息,要获得个人信息主体的明示同意。

5.5.3 超出收集阶段告知的个人信息留存期限,要立即删除相关信息;对留存期限有明确规定的,按相关规定执行。

5.5.4 个人信息管理者破产或解散时,若无法继续完成承诺的个人信息处理目的,要删除个人信息。删除个人信息可能会影响执法机构调查取证时,采取适当的存储和屏蔽措施。

中国人民银行关于银行业金融机构做好个人金融信息保护工作的通知

(2011 年 1 月 21 日　银发〔2011〕17 号)

人民银行上海总部,各分行、营业管理部,各省会(首府)城市中心支行,国有商业银行,股份制商业银行,中国邮政储蓄银行:

　　个人金融信息是金融机构日常业务工作中积累的一项重要基础数据,也是金融机构客户个人隐私的重要内容。如何收集、使用、对外提供个人金融信息,既涉及到银行业金融机构业务的正常开展,也涉及客户信息、个人隐私的保护。如果出现与个人金融信息有关的不当行为,不但会直接侵害客户的合法权益,也会增加银行业金融机构的诉讼风险,加大运营成本。近年来,个人金融信息侵权行为时有发生,并引起社会的广泛关注。因此,强化个人金融信息保护和银行业金融机构法制意识,依法收集、使用和对外提供个人金融信息,十分必要。对个人金融信息的保护是银行业金融机构的一项法定义务。为了规范银行业金融机构收集、使用和对外提供个人金融信息行为,保护金融消费者合法权益,维护金融稳定,根据《中华人民共和国中国人民银行法》、《中华人民共和国商业银行法》、《中华人民共和国反洗钱法》、《个人存款账户实名制规定》等法律、法规的规定,现就个人金融信息保护的有关事项通知如下:

　　一、本通知所称个人金融信息,是指银行业金融机构在开展业务时,或通过接入中国人民银行征信系统、支付系统以及其他系统获取、加工和保存的以下个人信息:

　　(一)个人身份信息,包括个人姓名、性别、国籍、民族、身份证件种类号码及有效期限、职业、联系方式、婚姻状况、家庭状况、住所或工作单位地址及照片等;

　　(二)个人财产信息,包括个人收入状况、拥有的不动产状况、拥有的车辆状况、纳税额、公积金缴存金额等;

　　(三)个人账户信息,包括账号、账户开立时间、开户行、账户余额、账户交易情况等；

（四）个人信用信息，包括信用卡还款情况、贷款偿还情况以及个人在经济活动中形成的，能够反映其信用状况的其他信息；

（五）个人金融交易信息，包括银行业金融机构在支付结算、理财、保险箱等中间业务过程中获取、保存、留存的个人信息和客户在通过银行业金融机构与保险公司、证券公司、基金公司、期货公司等第三方机构发生业务关系时产生的个人信息等；

（六）衍生信息，包括个人消费习惯、投资意愿等对原始信息进行处理、分析所形成的反映特定个人某些情况的信息；

（七）在与个人建立业务关系过程中获取、保存的其他个人信息。

二、银行业金融机构在收集、保存、使用、对外提供个人金融信息时，应当严格遵守法律规定，采取有效措施加强对个人金融信息保护，确保信息安全，防止信息泄露和滥用。特别是在收集个人金融信息时，应当遵循合法、合理原则，不得收集与业务无关的信息或采取不正当方式收集信息。

三、银行业金融机构应当建立健全内部控制制度，对易发生个人金融信息泄露的环节进行充分排查，明确规定各部门、岗位和人员的管理责任，加强个人金融信息管理的权限设置，形成相互监督、相互制约的管理机制，切实防止信息泄露或滥用事件的发生。

银行业金融机构要完善信息安全技术防范措施，确保个人金融信息在收集、传输、加工、保存、使用等环节中不被泄露。

银行业金融机构要加强对从业人员的培训，强化从业人员个人金融信息安全意识，防止从业人员非法使用、泄露、出售个人金融信息。接触个人金融信息岗位的从业人员在上岗前，应当书面做出保密承诺。

四、银行业金融机构不得篡改、违法使用个人金融信息。使用个人金融信息时，应当符合收集该信息的目的，并不得进行以下行为：

（一）出售个人金融信息；

（二）向本金融机构以外的其他机构和个人提供个人金融信息，但为个人办理相关业务所必需并经个人书面授权或同意的，以及法律法规和中国人民银行另有规定的除外；

（三）在个人提出反对的情况下，将个人金融信息用于产生该信息以外的本金融机构其他营销活动。

银行业金融机构通过格式条款取得客户书面授权或同意的，应当在协议中明确该授权或同意所适用的向他人提供个人金融信息的范围和具体情形。同时，还应当在协议的醒目位置使用通俗易懂的语言明确提示该授权或同意的可能后果,并在客户签署协议时提醒其注意上述提示。

五、银行业金融机构不得将客户授权或同意其将个人信息用于营销、对外提供等作为与客户建立业务关系的先决条件,但该业务关系的性质决定需要预先做出相关授权或同意的除外。

六、在中国境内收集的个人金融信息的储存、处理和分析应当在中国境内进行。除法律法规及中国人民银行另有规定外,银行业金融机构不得向境外提供境内个人金融信息。

七、银行业金融机构通过外包开展业务的,应当充分审查、评估外包服务供应商保护个人金融信息的能力,并将其作为选择外包服务供应商的重要指标。

银行业金融机构与外包服务供应商签订服务协议时,应当明确其保护个人金融信息的职责和保密义务,并采取必要措施保证外包服务供应商履行上述职责和义务,确保个人金融信息安全。银行业金融机构应要求外包服务供应商在外包业务终止后,及时销毁因外包业务而获得的个人金融信息。

八、银行业金融机构通过接入中国人民银行征信系统、支付系统以及其他系统获取的个人金融信息,应当严格按照系统规定的用途使用,不得违反规定查询和滥用。

九、银行业金融机构发生个人金融信息泄露事件的,或银行业金融机构的上级机构发现下级机构有违反规定对外提供个人金融信息及其他违反本通知行为的,应当在事件发生之日或发现下级机构违规行为之日起 7 个工作日内将相关情况及初步处理意见报告中国人民银行当地分支机构。

中国人民银行分支机构在收到银行业金融机构报告后,应视情况予以处理,并及时向中国人民银行报告。

十、中国人民银行及其地市中心支行以上分支机构受理投诉或发现银行业金融机构可能未履行个人金融信息保护义务的,可依法进行核实,认定银行业金融机构存在违反本通知规定,或存在其他未履行个人金融信息保护义务情形的,可采取以下处理措施:

(一)约见其高管人员谈话,要求说明情况;

(二)责令银行业金融机构限期整改;

(三)在金融系统内予以通报;

(四)建议银行业金融机构对直接负责的高级管理人员和其他直接责任人员依法给予处分;

(五)涉嫌犯罪的,依法移交司法机关处理。

十一、银行业金融机构违反规定通过中国人民银行征信系统、支付系统以及其他系统查询或滥用个人金融信息的,中国人民银行及其地市中心支行以上分支机构可按照本通知第十条及其他相关规定予以处理。

银行业金融机构违法情节严重或拒不改正的,中国人民银行可决定暂停其使用,或禁止其新设分支机构接入上述系统。

十二、银行业金融机构及其工作人员违反规定使用和对外提供个人金融信息,给客户造成损害的,应当依法承担相应的法律责任。

本通知自 2011 年 5 月 1 日起执行。请中国人民银行上海总部,各分行、营业管理部、省会(首府)城市中心支行将本通知转发至辖区内各银行业金融机构。本通知执行过程中发现的新情况、新问题,请及时向中国人民银行报告。

第七部分

其　他

移动互联网应用程序个人信息
保护管理暂行规定（征求意见稿）

（工业和信息化部信息通信管理局 2021 年 4 月 26 日）

第一条 为保护个人信息权益,规范移动互联网应用程序(以下简称 App)个人信息处理活动,促进个人信息合理利用,依据《中华人民共和国网络安全法》等法律法规,制定本规定。

第二条 在中华人民共和国境内开展的 App 个人信息处理活动,应当遵守本规定。法律、行政法规对个人信息处理活动另有规定的,从其规定。

第三条 本规定所称 App 个人信息处理活动,是指移动智能终端中运行的应用程序收集、存储、使用、加工、传输个人信息的活动。

本规定所称 App 开发运营者,是指从事 App 开发和运营活动的主体。

本规定所称 App 分发平台,是指通过应用商店、应用市场、网站等方式提供 App 下载、升级服务的软件服务平台。

本规定所称 App 第三方服务提供者,是指相对于用户和 App 以外的,为 App 提供软件开发工具包(SDK)、封装、加固、编译环境等第三方服务的主体。

本规定所称移动智能终端生产企业,是指生产能够接入公众网络,提供预置 App 或者具备安装 App 能力的移动智能终端设备的主体。

本规定所称网络接入服务提供者,是指从事互联网数据中心(IDC)业务、互联网接入服务(ISP)业务和内容分发网络(CDN)业务,为 App 提供网络接入服务的电信业务经营者。

第四条 国家互联网信息办公室负责统筹协调 App 个人信息保护工作和相关监督管理工作,会同工业和信息化部、公安部、市场监管总局建立健全 App 个人信息保护监督管理联合工作机制,统筹推进政策标准规范等相关工作,加强信息共享及对 App 个人信息保护工作的指导。各部门在各自职责范围内负责 App 个人信息保护和监督管理工作。

省、自治区、直辖市网信办、通信管理局、公安厅(局)、市场监管局负责本行政区域内 App 个人信息保护监督管理工作。

前两款规定的部门统称为 App 个人信息保护监督管理部门。

第五条 App 个人信息处理活动应当采用合法、正当的方式,遵循诚信原则,不得通过欺骗、误导等方式处理个人信息,切实保障用户同意权、知情权、选择权和个人信息安全,对个人信息处理活动负责。

相关行业组织和专业机构按照有关法律法规、标准及本规定,开展 App 个人信息保护能力评估、认证。

第六条 从事 App 个人信息处理活动的,应当以清晰易懂的语言告知用户个人信息处理规则,由用户在充分知情的前提下,作出自愿、明确的意思表示。

(一)应当在 App 登录注册页面及 App 首次运行时,通过弹窗、文本链接及附件等简洁明显且易于访问的方式,向用户告知涵盖个人信息处理主体、处理目的、处理方式、处理类型、保存期限等内容的个人信息处理规则;

(二)应当采取非默认勾选的方式征得用户同意;

(三)应当尊重用户选择权,在取得用户同意前或者用户明确表示拒绝后,不得处理个人信息;个人信息处理规则发生变更的,应当重新取得用户同意;

(四)应当在对应业务功能启动时,动态申请 App 所需的权限,不应强制要求用户一揽子同意打开多个系统权限,且未经用户同意,不得更改用户设置的权限状态;

(五)需要向本 App 以外的第三方提供个人信息的,应当向用户告知其身份信息、联系方式、处理目的、处理方式和个人信息的种类等事项,并取得用户同意;

(六)处理种族、民族、宗教信仰、个人生物特征、医疗健康、金融账户、个人行踪等敏感个人信息的,应当对用户进行单独告知,取得用户同意后,方可处理敏感个人信息。

第七条 从事 App 个人信息处理活动的,应当具有明确、合理的目的,并遵循最小必要原则,不得从事超出用户同意范围或者与服务场景无关的个人信息处理活动。

(一)处理个人信息的数量、频次、精度等应当为服务所必需,不得超范围处理个人信息;

(二)个人信息的本地读取、写入、删除、修改等操作应当为服务所必需,不得超出用户同意的操作范围;

(三)用户拒绝相关授权申请后,不得强制退出或者关闭 App,不得提前申请超出其业务功能或者服务外的权限,不得利用频繁弹窗反复申请与当前服务场景无关的权限;

（四）在非服务所必需或者无合理场景下，不得自启动或者关联启动其他 App；

（五）用户拒绝提供非该类服务所必需的个人信息时，不得影响用户使用该服务；

（六）不得以改善服务质量、提升使用体验、研发新产品、定向推送信息、风险控制等为由，强制要求用户同意超范围或者与服务场景无关的个人信息处理行为。

第八条　App 开发运营者应当履行以下个人信息保护义务：

（一）切实提升产品和服务个人信息保护意识，将个人信息保护要求落实在产品设计、开发及运营环节；以显著、清晰的方式定期向用户呈现 App 的个人信息收集使用情况；

（二）基于个人信息向用户提供商品或者服务的搜索结果的，应当保证结果公平合理，同时向该用户提供不针对其个人特征的选项，尊重和平等保护用户合法权益；

（三）使用第三方服务的，应当制定管理规则，明示 App 第三方服务提供者的名称、功能、个人信息处理规则等内容；应与第三方服务提供者签订个人信息处理协议，明确双方相关权利义务，并对第三方服务提供者的个人信息处理活动和信息安全风险进行管理监督；App 开发运营者未尽到监督义务的，应当依法与第三方服务提供者承担连带责任；

（四）对于不影响其他服务功能的独立服务功能模块，应当向用户提供关闭或者退出该独立服务功能的选项，不得因用户采取关闭或者退出操作而拒绝提供其他服务；

（五）加强前端和后端安全防护、访问控制、技术加密、安全审计等工作，主动监测发现个人信息泄露等违规行为，及时响应处置要求；

（六）国家规定的其他个人信息保护义务。

第九条　App 分发平台应当履行以下个人信息保护义务：

（一）登记并核验 App 开发运营者、提供者的真实身份、联系方式等信息；

（二）在显著位置标明 App 运行所需获取的用户终端权限列表和个人信息收集的类型、内容、目的、范围、方式、用途及处理规则等相关信息；

（三）不得欺骗误导用户下载 App；

（四）对新上架 App 实行上架前个人信息处理活动规范性审核，对已上架 App 在本规定实施后 1 个月内完成补充审核，并根据审核结果进行更新或者清理；

（五）建立 App 开发运营者信用积分、风险 App 名单、平台信息共享及签名验证等管理机制；

（六）按照监督管理部门的要求，完善报送机制，及时配合监督管理部门开展问题 App 上报、响应和处置工作；

（七）设置便捷的投诉举报入口，及时处理公众对本平台所分发 App 的投诉举报；

（八）国家规定的其他个人信息保护义务。

第十条　App 第三方服务提供者应当履行以下个人信息保护义务：

（一）制定并公开个人信息处理规则；

（二）以明确、易懂、合理的方式向 App 开发运营者公开其个人信息处理目的、处理方式、处理类型、保存期限等内容，其个人信息处理活动应当与公开的个人信息处理规则保持一致；

（三）未经用户同意或者在无合理业务场景下，不得自行进行唤醒、调用、更新等行为；

（四）采取足够的管理措施和技术手段保护个人信息，发现安全风险或者个人信息处理规则变更时应当及时进行更新并告知 App 开发运营者；

（五）未经用户同意，不得将收集到的用户个人信息共享转让；

（六）国家规定的其他个人信息保护义务。

第十一条　移动智能终端生产企业应当履行以下个人信息保护义务：

（一）完善终端权限管控机制，及时弥补权限管理漏洞，持续优化和规范敏感行为的记录能力，主动为用户权限申请和告知提供便利；

（二）建立终端启动和关联启动 App 管理机制，为用户提供关闭自启动和关联启动的功能选项；

（三）持续优化个人信息权限在用状态，特别是录音、拍照、视频等敏感权限在用状态的显著提示机制，帮助用户及时准确了解个人信息权限的使用状态；

（四）建立重点 App 关注名单管理机制，完善移动智能终端 App 管理措施；

（五）对预置 App 进行审核，持续监测预置 App 的个人信息安全风险；

（六）在安装过程中以显著方式告知用户 App 申请的个人信息权限列表；

（七）完善终端设备标识管理机制；

（八）国家规定的其他个人信息保护义务。

第十二条　网络接入服务提供者应当履行以下个人信息保护义务：

（一）在为 App 提供网络接入服务时，登记并核验 App 开发运营者的真实身份、联系方式等信息；

（二）按照监督管理部门的要求，依法对违规 App 采取停止接入等必要措施，阻止其继续违规侵害用户个人信息和其他合法权益；

（三）国家规定的其他个人信息保护义务。

第十三条　从事 App 个人信息处理活动的相关主体,应当加强人员教育培训,制定个人信息保护内部管理制度,落实网络安全等级保护和应急预案等制度要求;采取加密、去标识化等安全技术措施,防止未经授权的访问及个人信息泄露或者被窃取、篡改、删除等风险;需要认证用户真实身份信息的,应当通过国家统一建设的公民身份认证基础设施所提供的网上公民身份核验认证服务进行。

第十四条　任何组织和个人发现违反本规定行为的,可以向监督管理部门或者中国互联网协会、中国网络空间安全协会投诉举报,监督管理部门和相关组织应当及时受理并调查处理。

从事 App 个人信息处理活动的相关主体应当自觉接受社会监督。

第十五条　根据公众投诉举报情况和监管中发现的问题,监督管理部门可以对存在问题和风险的 App 实施个人信息保护检查。

从事 App 个人信息处理活动的相关主体应当对监督管理部门依法实施的监督检查予以配合。

第十六条　发现从事个人信息处理活动的相关主体违反本规定的,监督管理部门可依据各自职责采取以下处置措施:

（一）责令整改与社会公告。对检测发现问题 App 的开发运营者、App 分发平台、第三方服务提供者及相关主体提出整改,要求 5 个工作日内进行整改及时消除隐患;未完成整改的,向社会公告。

（二）下架处置。对社会公告 5 个工作日后,仍拒绝整改或者整改后仍存在问题的,可要求相关主体进行下架处置;对反复出现问题、采取技术对抗等违规情节严重的,将对其进行直接下架;被下架的 App 在 40 个工作日内不得通过任何渠道再次上架。

（三）断开接入。下架后仍未按要求完成整改的,将对其采取断开接入等必要措施。

（四）恢复上架。被下架的 App 完成整改,并完善技术和管理机制及作出企业自律承诺后,可向作出下架要求的监督管理部门申请恢复上架。

（五）恢复接入。被断开网络接入的 App 完成整改后,可向作出断开接入要求的监督管理部门申请恢复接入。

（六）信用管理。对相应违规主体,可纳入信用管理,实施联合惩戒。

第十七条　对整改反复出现问题的 App 及其开发运营者开发的相关 App,监督管理部门可以指导组织 App 分发平台和移动智能终端生产企业在集成、分发、预置和安装等环节进行风险提示,情节严重的采取禁入措施。

第十八条 从事 App 个人信息处理活动侵害个人信息权益的,将依照有关规定予以处罚;构成犯罪的,公安机关依法追究刑事责任。

第十九条 监督管理部门应当对履行职责中知悉的用户个人信息予以保密,不得泄露、篡改或者毁损,不得出售或者非法向他人提供。

第二十条 本规定自   年   月   日起施行。

关于《移动互联网应用程序个人信息保护管理暂行规定（征求意见稿）》的起草说明

（工业和信息化部信息通信管理局　2021年4月26日）

一、起草背景

近年来,我国个人信息保护力度不断加大,但App个人信息收集使用规则、目的、方式和范围仍存在不明确的地方,部分环节仍存漏洞,个人信息保护面临诸多问题和挑战。党中央、国务院高度重视App个人信息保护治理工作,党的十九届五中全会明确提出,维护人民根本利益,保障国家数据安全,加强个人信息保护。国家互联网信息办公室、工业和信息化部、公安部、市场监管总局持续深入开展App违法违规收集使用个人信息治理工作,工业和信息化部连续两年开展App侵害用户权益专项整治行动,社会反映热烈,取得阶段性明显成效。

考虑到App治理是一项具有长期性、复杂性的系统治理工作,有必要将近年来成熟的经验做法和管理措施转换为制度性规范文件。同时,为强化App个人信息保护管理的系统性、整体性和协同性,在总结专项治理工作经验基础上,起草形成了《移动互联网应用程序个人信息保护管理暂行规定(征求意见稿)》(以下简称《征求意见稿》),并向社会公开征求意见。

二、关于起草的主要情况和把握要点

《征求意见稿》在国家互联网信息办公室的统筹指导下,由工业和信息化部会同公安部、市场监管总局联合制定完成。起草过程中,就重点问题组织有关单位和专家学者进行了专题研究,并听取了百度、阿里巴巴、腾讯、字节跳动、美团、拼多多、京东、滴滴、新浪微博、快手、小米、华为、OPPO、vivo、360、捷兴信源、梆梆等主要互联网企业、终端企业和安全企业的意见建议。

制定过程中,重点把握"三个坚持":一是坚持以人民为中心的发展思想。贯彻党的十九届五中全会要求,落实以人民为中心的发展思想,坚持人民利益至上,严格规范App个人信息处理活动,增强人民群众安全感和获得感。二是坚持问题导向。立足前期专项治理工作基础,聚焦用户投诉举报反映强烈的突出问题,将近两年来已经成熟的经验做法和管理措施制度化,为规范 App 个人信息处理活动提供可靠制度保障。三是坚持落实主体责任。明确细化了 App 开发运营者、分发平台、第三方服务提供者等主体在 App 个人信息处理活动中应当履行的主体责任义务。

三、关于《征求意见稿》的主要内容

《征求意见稿》共计二十条,界定了适用范围和监管主体;确立了"知情同意""最小必要"两项重要原则;细化了 App 开发运营者、分发平台、第三方服务提供者、终端生产企业、网络接入服务提供者五类主体责任义务;提出了投诉举报、监督检查、处置措施、风险提示等四方面规范要求,主要内容如下:

一是界定适用范围和明确监管主体。在适用范围方面,《征求意见稿》明确了在中华人民共和国境内开展的 App 个人信息处理活动,应当遵守本规定。法律、行政法规对个人信息处理活动另有规定的,从其规定。在监管主体方面,《征求意见稿》明确了 App 个人信息保护的联合工作机制,国家互联网信息办公室会同工业和信息化部、公安部、市场监管总局健全完善 App 个人信息保护监督管理联合工作机制,统筹推进政策标准规范等相关工作,各部门在各自职责范围内负责 App 个人信息保护和监督管理工作。(第一条至第五条)

二是明确"知情同意""最小必要"两项重要原则。《征求意见稿》"知情同意"规定,从事 App 个人信息处理活动的,应当以清晰易懂的语言告知用户个人信息处理规则,由用户在充分知情的前提下,作出自愿、明确的意思表示,并明确了"六项应当"要求。"最小必要"规定,从事 App 个人信息处理活动的,应当具有明确、合理的目的,并遵循最小必要原则,不得从事超出用户同意范围或者与服务场景无关的个人信息处理活动,并提出了"六项不得"要求。(第六条和第七条)

三是规范关键环节主体责任义务。《征求意见稿》对 App 治理的全链条、全主体、全流程予以规范,规定了 App 开发运营者、App 分发平台、App 第三方服务提供者、移动智能终端生产企业和网络接入服务提供者在 App 个人信息保护方面的具体义务。(第八条至第十二条)

四是细化违规处置流程和具体措施。《征求意见稿》明确从事个人信息处理活动的有关主体违反要求的,依次按照通知整改、社会公告、下架处置、断开接入、信用管理流程进行处置,并明确具体时间期限要求。特别提出,对未按要求完成整改或反复出现问题、采取技术对抗等违规情节严重的 App,将对其进行直接下架;且下架后的 App 在 40 个工作日内不得通过任何渠道再次上架的管理要求。此外,监督管理部门将指导 App 分发平台和移动智能终端生产企业在集成、分发、预置和安装等环节进行风险提示,情节严重的采取禁入措施。(第十六条和第十七条)

　　此外,《征求意见稿》还对违反本规定行为的法律责任、保密义务等作了规定。(第十八条和第十九条)

互联网企业个人信息保护测评标准

（中国科学技术法学会、北京大学互联网法律中心　2014 年 3 月 15 日）

一、宗旨

本标准的制定是为了贯彻《全国人民代表大会常务委员会关于加强网络信息保护的决定》《消费者权益保护法》《电信和互联网用户个人信息保护规定》《网络交易管理办法》等与个人信息保护相关的规范性法律文件,维护用户合法权益并规范互联网企业的个人信息处理行为,以实现产业良性发展中个人信息保护与利用的平衡。

测评标准通过对互联网企业义务的具体规定,致力于在现有规范性法律文件的基础上,建立有效的用户个人信息保护实践机制,一方面推动互联网企业构建合规的个人信息保护机制,另一方面实现用户在个人信息方面合法权益的保障。

二、依据

本标准依据《全国人民代表大会常务委员会关于加强网络信息保护的决定》《消费者权益保护法》《电信和互联网用户个人信息保护规定》《网络交易管理办法》,参照 OECD《关于保护隐私和个人数据跨国流通的指导原则》、APEC《隐私保护纲领》、《公共及商用系统个人信息保护指南》等国内外个人信息保护领域相关文件,结合我国互联网产业发展现状制定。

三、定义

标准所涉及的术语定义如下:

1. 互联网企业

互联网企业是指利用信息网络向用户提供技术服务或内容服务的过程中处理个人信息的组织实体。"信息网络"包括以计算机、电视机、固定电话机、移动电话机等电子设备为终端的计算机互联网、广播电视网、固定通信网、移动通信网等信息网络,以及向公众开放的局域网络。

2. 初始方、关联方、第三方

初始方是指在提供技术服务或内容服务过程中直接向用户收集个人信息的互联网企业。

关联方是指与特定初始方有控制关系,且其个人信息保护政策与初始方不存在实质性差异的互联网企业。"控制"是指有权以股权或协议决定一个互联网企业的财务和经营政策,并能据以从该互联网企业的经营活动中获取利益。

第三方是指未直接向用户收集个人信息,但从初始方或关联方处获取个人信息的组织实体或自然人。

3. 用户

用户是指使用互联网企业提供的服务并可通过个人信息识别的自然人。本标准中所称的"未成年人"是指未满18周岁的限制民事能力人或无民事行为能力人。

4. 个人信息

个人信息是指能够切实可行地单独或通过与其他信息结合识别特定用户身份的信息或信息集合,如姓名、出生日期、身份证件号码、住址、电话号码、账号、密码等。

本标准不适用于经不可逆的匿名化或去身份化处理,使信息或信息集合无法合理识别特定用户身份的信息。

5. 处理

处理是指互联网企业对用户个人信息的收集、加工、使用、转移行为,其中:

收集是指获取并保存个人信息的行为。

加工是指将收集的个人信息进行自动化系统操作以满足使用、转移需要的行为。

使用是指利用个人信息提供技术服务或信息服务,依据个人信息作出决策,以及向公众公开或向特定群体披露个人信息的行为。

转移是指将个人信息传输给关联方或第三方的行为。

6. 同意、明示同意、默示同意

同意是指用户以其积极、肯定的意思表示,或以其自愿使用服务的行为,表达对互联网企业处理其个人信息的认可。其中:

明示同意是指用户以其积极、肯定的意思表示认可互联网企业处理其个人信息。

默示同意是指用户以其自愿使用服务的行为认可互联网企业处理其个人信息。

除经特别说明,本标准中的同意指默示同意。

7. 实质性修改

实质性修改是指互联网企业对其在个人信息保护政策中承诺的、与个人信息处理有关的用户权利或互联网企业义务的减少。

四、基本原则

1. 知情同意原则

除法律规定的情形外,互联网企业应充分告知用户有关个人信息处理的重要事项,并在告知的基础上获得用户的明示同意或默示同意。

2. 合法必要原则

互联网企业处理个人信息的方式应符合法律规定,并仅处理为实现正当商业目的和提供网络服务所必需的个人信息。

3. 目的明确原则

互联网企业处理个人信息应具有合法、正当、明确的目的,不得超出目的范围处理个人信息。

4. 个人控制原则

用户有权查询个人信息,有权对其个人信息进行修改、完善、补充。

5. 信息质量原则

互联网企业应为用户查询、更正其个人信息提供必要渠道,以保障个人信息的准确、完整、及时。

6. 安全责任原则

互联网企业应采取必要的管理措施和技术手段,保护个人信息安全,防止未经授权检索、公开、丢失、泄露、损毁和篡改个人信息。

五、指标体系

1. 知情同意

1.1 互联网企业在收集个人信息前应以个人信息保护政策如实告知用户个人信息处理相关事项,包括但不限于:

a)收集个人信息的目的、方式、范围;

b)加工、使用、转移个人信息的目的、方式、范围;

c)互联网企业的名称、地址、联系方式和用户投诉机制;

d)用户查询、修改个人信息的渠道;

e)用户拒绝提供个人信息可能出现的后果;

f)企业个人信息安全管理制度和个人信息安全保护措施。

1.2 互联网企业应在网站、软件或服务的适当位置公开其个人信息保护政策,并以适当方式提醒用户注意相关政策并告知不同意个人信息保护政策的可能后果。

在互联网企业履行其告知义务后,用户开始或持续使用技术服务或内容服务的行为视为同意互联网企业处理其个人信息。

2. 收集

2.1　互联网企业收集个人信息应有合法、正当、明确的目的,不得超出目的范围收集个人信息。

2.2　互联网企业应明确告知收集个人信息的手段,并确保相关手段合法、正当。

2.3　互联网企业应明确告知收集个人信息的种类,并仅收集为实现正当商业目的和提供网络服务所必需的个人信息。

2.4　除有以下特殊情况,互联网企业收集个人信息的行为超出告知的目的、方式、范围,应以合理形式告知用户并获得用户的明示同意:

a)法律法规特别规定,如维护公共安全、紧急避险等;

b)基于学术研究或社会公共利益目的;

c)行政机关依据法律作出的强制行为;

d)司法机关依据法律作出的决定、裁定或判决。

3. 加工

3.1　互联网企业应在收集前告知的目的和范围内加工个人信息,并采取必要的措施和手段保障个人信息在加工过程中的安全。

3.2　除有以下特殊情况,互联网企业超出收集时所告知的目的和范围加工个人信息,应以合理形式告知用户并获得用户的明示同意:

a)法律法规特别规定,如维护公共安全、紧急避险等;

b)基于学术研究或社会公共利益目的;

c)行政机关依据法律作出的强制行为;

d)司法机关依据法律作出的决定、裁定或判决。

4. 使用

4.1　互联网企业应在收集前告知的目的和范围内使用个人信息,并采取必要的措施和手段保障个人信息在使用过程中的安全。

4.2　除有以下特殊情况,互联网企业超出收集时所明确告知的目的和范围使用个人信息,应以合理形式告知用户并获得用户的明示同意:

a)法律法规特别规定,如维护公共安全、紧急避险等;

b)基于学术研究或社会公共利益目的;

c)行政机关依据法律作出的强制行为;

d)司法机关依据法律作出的决定、裁定或判决。

5. 转移

5.1　互联网企业向关联方转移个人信息,应告知用户关联方处理个人信息的情况。

5.2 除有以下特殊情况,互联网企业向第三方转移个人信息,应告知用户并征得用户的明示同意:

a)法律法规特别规定,如维护公共安全、紧急避险等;

b)基于学术研究或社会公共利益目的;

c)行政机关依据法律作出的强制行为;

d)司法机关依据法律作出的决定、裁定或判决。

6. 个人控制

6.1 互联网企业应为用户提供独立操作机制,实现用户对个人信息的控制。

6.2 互联网企业应为用户提供个人信息查询、修改的渠道。

6.3 互联网企业应为用户提供注销账号或号码的渠道。

7. 政策修改

7.1 互联网企业应根据规范性法律文件和企业实践及时更新其个人信息保护政策。

7.2 互联网企业实质性修改其个人信息保护政策,应以显著方式告知用户修改的内容,并告知用户不接受的后果及相应的解决机制。

7.3 互联网企业非实质性修改其个人信息保护政策,应以适当方式告知用户修改的内容。

8. 安全责任

8.1 互联网企业应建立个人信息管理责任制度,落实个人信息管理责任,加强个人信息安全管理,规范个人信息处理活动。

8.2 互联网企业应采取必要的技术措施和手段保护个人信息安全,包括但不限于:

a)建立完善的内部合规管理部门,设立并任命首席隐私官或相关管理人员;

b)采用法律强制或业界通行的技术手段对用户个人信息进行加密;

c)采取法律强制或业界通行的技术手段对用户个人信息进行匿名化或去身份化处理,并使处理后的信息不可逆及不能用于识别个人身份;

d)在提供服务过程中,以技术手段保证用户对他人未经授权实施的个人信息侵害行为采取防御行为。

9. 特殊领域的个人信息

9.1 互联网企业应规定未成年人个人信息处理的特殊措施,如仅在征得其监护人的明示同意前提下处理其个人信息,或一旦明知其为未成年人,在未征得监护人明示同意时停止处理其个人信息。

9.2 互联网企业处理用户精确地理位置信息,应以合理方式告知用户,并为用户提供终止处理其精准地理位置信息的选择机制。

精确地理位置信息是指通过用户所使用的设备获取的,用于及时识别或描述用户在某一特定时间点误差小于 1 公里的实际物理位置的信息。

六、实现机制

1. 机构测评

本测评标准的发布机构将组建测评机构,测评机构由相关领域的政产学研各界人士组成。

测评机构将以标准为依据主动对本标准适用范围内的互联网企业进行测评,测评对象为互联网企业设置的个人信息保护政策以及与个人信息保护相关的实践做法,包括服务或软件设置、典型步骤等。测评机构将以定期或不定期报告的方式发布测评结果。

测评机构将适时发布标准标识使用标准,符合标准的互联网企业可以在网站或服务的适当位置显示相关标识。

2. 企业参与

互联网企业可以以本标准为依据对其个人保护政策及实践做法进行比照,及时调整政策文本及实践做法。除主动调整外,互联网企业可委托测评机构对政策文本及实践做法进行测评,根据测评结果及时调整政策文本及实践做法。

3. 用户监督

互联网用户可以以本标准为依据对互联网企业的个人信息保护政策及实践做法进行测评。用户可通过测评机构适时推出的网站反馈测评结果。

七、附件

本测评标准基本规定的释义和制定依据将在附件中作出进一步解释和说明。

本标准以国家数字版权研究基地发布的版权自助协议(Self-Help Copyright License Agreement,SCLA)发布,许可条件为:

[仅保留署名权]许可人仅保留表明作者身份、在作品上署名的权利。被许可人依照本协议规定取得演绎权许可的,必须在演绎作品上标明原作品的作者。许可人放弃对其作品享有的所有财产性权利。